この宇宙は夢なんだ

解き明かされる生存の秘密

アレクサンダー・マルシャーン
絵と文

加藤 三代子 訳

中央アート出版社

絵 と 文
アレクサンダー・マルシャーン

THE UNIVERSE IS A DREAM
Copyright © 2010 Alexander Marchand

不許複製。本書のいかなる部分も、出版社からの承諾なしに、いかなる形においても複製されてはならない。ただし、記事や書評やパロディーなどに挿入される引用文や画像などといった「公正使用」と見なされるケースは、この限りではない。本書は、娯楽および情報提供のみの目的で出版されている。著者および出版社は、読者が本書の中の情報をどのように使用しようともそれについて何ら責任を負わないものとする。

ANY SIMILARITY TO CHARACTERS/INSTITUTIONS IN THIS BOOK TO ACTUAL CHARACTERS/INSTITUTIONS IS UNINTENDED. ENTIRE CONTENTS COPYRIGHT ALEXANDER MARCHAND UNLESS NOTED OTHERWISE. REFERENCES TO THIRD PARTY WORKS ARE FOR PARODY AND EDUCATIONAL PURPOSES. THEY REPRESENT BUT ARE LEGALLY DISTINCT FROM THE MATERIAL THEY REFERENCE.

もくじ

第0章	終わりの始まり	1
第1/9章	夢見の科学	9
第2/9章	夢見る放蕩息子	25
第3/9章	起こりえないことが起こったわけ （でも本当は起こってない）	39
第4/9章	自我の悪夢	63
第5/9章	目覚めつつ見る幸せな夢	89
第6/9章	トータル・イモータル （まったく不滅）	119
第7/9章	真の祈りの極意	145
第8/9章	実相世界からの啓示	157

| シンボルマークのリスト | 185 |
| 『奇跡講座』引用箇所の索引 | 189 |

3種類の読者について

この本を読むことになる読者は、次の3つのグループに分けられる。
だから、この本は、その3つのグループの誰でも読めるように
書かれている。君はどのグループに入るだろう？

第1グループ： さっぱりわからない人たち

この本がいったい何についての本なのかさっぱりわからないのに、
どうしても読まずにはいられない人たち。

第2グループ： 初心者たち

この本が何について述べているかはだいたいわかっているが、
この本が論じている形而上理論については、
まだ精通していない人たち。

第3グループ： 復習者たち

この本が何について述べているかわかっていて、
この本が論じている形而上理論にも
精通している人たち。

もし君が第1グループか第2グループに属していて、
最終的に第3グループに到達しないなら、
この本を本当に読んだことにはならない。

この本を読むときのルール

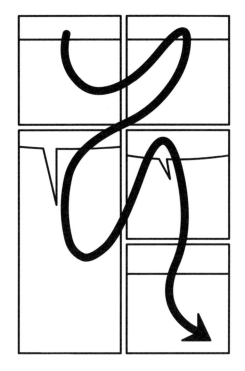

左から右へ、上から下へと読むこと。

この本を読むときには、必ず、
巻末のシンボルマークのリストを参照すること。

まずは本全体を熟読し、読み終える前に早急な結論を出さないこと。

この本は一度だけでなく、繰り返し読むこと。

そして、笑うのを忘れないこと・・・
たとえ、ジョークがピンとこなくても！

この宇宙は本当に夢なんだと気づいた人、
そしてこれから気づく人を含む
すべての夢見る者たちに
捧ぐ。

例えば**ブッダ**。彼は、この宇宙が夢だということを把握していた・・・

物体には、それ自体の実在性というものはなく、心がそのように見ているだけである。ゆえに、その本質は幻想であり、夢である。

ウィリアム・シェイクスピアの名で知られるイギリスの詩人かつ戯曲家も、それを知っていた・・・

われわれは、夢と同じようなものでできており、われわれのはかない命は、眠りとともに終わる。

そして、**ルネ・デカルト**。フランスの哲学者にして数学者、科学者、著述家である・・・

これについて慎重に考察するなら、目覚めている状態と夢を見ている状態を確信をもって区別できる特質というものは一つとして存在しないことがわかる。それならば、この生命自体が夢でないと、どうして確信できるだろう？

・・・そして、ほかにも**たくさんの**人たちがいた。歴史に名を残した人々の中にも、無名の人々の中にも・・・。

しかし、ただ単に、この世界は夢なのではないかと怪しむだけでは、実際に目覚めることからは、**ほど遠い**。

君は夢の中で、「これは絶対に現実だ」と思ったことはないかい？ もし、その夢から目覚めることができなかったとしたら・・・？ どうすれば、君にその夢の世界と現実の世界の違いがわかると思う？

「マトリックス」のモーフィアスに扮するアレックス

その理由は、世界の優勢な思考体系が、**二元的な**思考に基づいているからである。

注：このような放射状の円形は、本書では、一体性/実相/神を表している。

二元的な思考は夢の思考だ。**一元的な**思考が目覚めの思考なのである。

一体性

だから、もし君が目覚めたいなら、一元的に思考し始める方法を学ばなければならない。

ただ一体性あるのみ

二元性の夢は、実相ではない。実相は、純粋に**一元的な**ものである。全く分離のない純粋な一体性であり、そこには葛藤も、差異も、二元体もない。

実相
（真の現実）
とは
一体性である

実相には、相対立するものは**ない**。相対立するものは、夢の中でのみ存在しているかに見える。君もいずれわかるように、これが、夢と実相を区別するものである。

夢の内側からは、真の現実が夢であるように見える。夢を見ている者にとっては、個性や有形性、罪悪や死などが現実のように見えるのに、**神**や**天国**、**無垢性**、**永遠**などは、まるで奇想天外な夢の概念のように見える。

訳注： ヒエロニムス・ボスの絵画「快楽の園」に基づく

これが、夢を見ている者たちが陥っている境遇だ。しかし、幸いにも、君にはこの本がある。夢を超えたところからくる情報を君に伝える本だ。それは、この世界では主流となっている不完全な神学的/哲学的/科学的理論には、思いもつかないような情報だ。

さらに、君は、目を覚ますためには何をする必要があるかがわかるようになるだろう。純粋な一元論の力を実践することで、この夢を**溶解させる**やり方について、知ることになる。

この「目覚めへの挑戦」を受けて立つか否かは、君しだいだ。

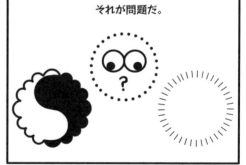

夢を見るべきか、見ざるべきか
それが問題だ。

もし君が、自分にはまだ準備ができていないとわかったら、そのままなにもせずに、ここから離れてね。そして、もっと君と相性のいい天使たちに祈るといい。準備ができている人たちの邪魔はしないでください。

第 $\frac{1}{9}$ 章

夢見の科学

自然界の制覇は、測定と数値によって達成されるのです。

これが、**デカルト**が聞いた天使からのお告げなんだって。1619年の秋、彼がドイツのウルムにいた頃のことだ。

天使が続けて何度もデカルトの夢の中に現れた。デカルトはその天使を、**真理**の天使と呼んでいる。その天使は彼に、**数学**が、自然界の秘密を解き明かす鍵だと力説した。

デカルトは、その後、代表作の一つ「**方法叙説**」を執筆するにいたった。それが、**科学的な方法**の確立を助けたのである。

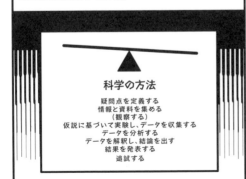

科学の方法
疑問点を定義する
情報と資料を集める
（観察する）
仮説に基づいて実験し、データを収集する
データを分析する
データを解釈し、結論を出す
結果を発表する
追試する

科学の授業でこの話が語られることはあまりないが、デカルトが天使の夢を見ていなかったなら、今ごろ世界はどうなっていたかを想像することは難しい。いったい**ニュートン**や**アインシュタイン**のような人々が現れていただろうか？

科学の助けにより、また、科学が**反証可能な**仮説を重視してきたことにより、過去数百年の間、確実に僕らはこの宇宙について多くのことを発見してきた。

だけど、いろんな発見をすればするほど、僕たちは、発見できるものはまだまだたくさんあるってことに、気づいたんだ。

科学には知られていないことだが、その理由は、夢の中から夢を理解しようとする試みはすべて、**不完全なもの**にならざるをえないからなのだ。そうでなければ、夢を見る者は目覚めてしまうのである。

1931年に、オーストリアの数学者クルト・ゲーデルは、「不完全性定理」と呼ばれるものを発表した。

不完全性定理:

算術体系の完全な形式化は不可能である。なぜなら、矛盾のない算術体系のいずれにおいても、その形式的体系の中では証明できない命題が存在するからである。

ゲーデルの発見は極めて重要であった。それは、数学的命題の真偽を論じるために用いられる無矛盾の形式的体系はどれもみな、自己言及しなければならず、それゆえに不完全なものとならざるをえない、と実証したからである。

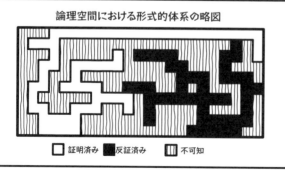

もっと日常的な言葉に翻訳すれば、ゲーデルの不完全性定理が、何を言っているかというと…

宇宙を研究し、その成果を簡潔な**モデル理論**に要約しようとするとき、どんな理論を考えついたとしても、それは少なくとも**自己矛盾**を含んだものになるし、たいていは、さらにまったく**不完全なもの**になる、ってことなんだ。

要するに、僕らはこの宇宙の中では、何かについて完全な真実性を証明することは決してできないという意味になるのだ。これはまったくもっともなことである。なぜなら、この宇宙のすべてのものは究極的には夢であり、真実ではないからである。

この夢の中のすべてのものは虚偽である。もちろんこの文は例外だが‥

非事実というものは、仮に我々がそれらを所有していたとしても、実に曖昧で希少であるため、我々が確信できるようなものではないのである。

訳注：ジェームス・ジョイスの「フィネガンズ・ウェイク」を真似るアレックス

完全なる真理を手に入れるためには、僕らは宇宙の**外**に出なければならないのだ。

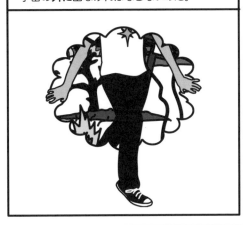

でも、もし僕らが宇宙の外に出たとしたら、宇宙は夢のように**消滅**してしまう。僕らが夢から覚めることになるからだ。この宇宙は本物ではなかったと発見することになるのだ。

当然、肉体も消滅することになる。肉体も宇宙の一部だからだ。

もし宇宙から出たと思ってもそれが消滅しなかったら、僕たちはまだ夢を見ているってことになるけど、それは、別の**視点**から見る宇宙の夢だ。

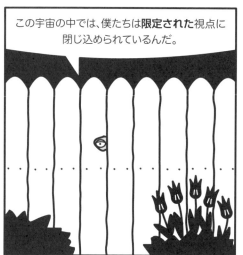
この宇宙の中では、僕たちは**限定された視点**に閉じ込められているんだ。

視点とは、**知覚**の副産物だ。

何かを知覚するとは、それを**意識**するってことだ。

知覚できる何かを知覚**しない**ということは、それについて**意識していない**ということになる。

知覚は限定されている。それが**二元的なもの**だからだ。それは受容や拒絶に基づいており、「あるものごとは除外する」という判断を下す行為である。

サンドロ・デル-プレテの「イルカの愛のメッセージ」をもとにした画像

サンゴ礁をくぐりぬけて泳ぐ14匹の小さなイルカたち……それとも、他の何かに見えるかな?

すべてを知覚するということは、**無意識**を**除去する**ことを意味する。それは、すべてを意識しているということだ。完全な意識だ。

「全的な意識」とは、夢を見ることになるか、知覚を終わらせることになるかが決まる**転換点**だ。

意識とは、氷山の先端のようなもの

無意識とは、水面下の氷山のようなもの

「意識」を表すシンボルマーク

それゆえに、全的な意識とは、この宇宙の**起点**でもあり**終点**でもある。

過去数十年間における科学的発見と観察は、この宇宙の始まりを、**ビッグバン**までさかのぼった。

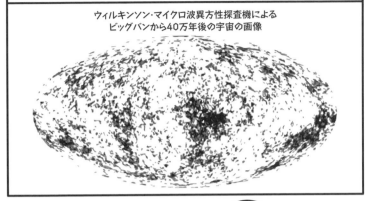

ウィルキンソン・マイクロ波異方性探査機によるビッグバンから40万年後の宇宙の画像

ビックバン説とは、この宇宙の初期状態とそのあと何が起こったかについての宇宙論である。

> **ビックバン理論**によれば、この宇宙は**微視的な**スケールの**超高密度**と**超高温**の状態で始まったとのことで、そこから、外に向かって膨張して、冷却化したそうだ。

> そして、宇宙は、今も膨張し続けている ーー それは**ダークエネルギー**っていう謎のエネルギーのせいなんだけど、そのエネルギーの力は、すべてのものをもとの微小なスケールに戻す重力的傾向を、弾き返すような力なんだ。

> こうしたことは、どれもなかなか面白い話だけど、**なぜ**という問いには答えてくれない。

> なぜ、ビックバンは起こったんだろう？

ビッグバン

宇宙の組成：
72 % のダークエネルギー
23 % のダークマター
4.6 % の通常の物質
1 % 以下の中性微子

宇宙の年齢は70億年

10^{32} 度
10^{-43} 秒

10^{27} 度
10^{-34} 秒

10^{15} 度
10^{-10} 秒

10^{10} 度
1 秒

10^{32} 度
3 分

6000 度
300,000 年

18 度
10 億年

3 ケルビン度 (K)
137 億年

「なぜ」という問いは、科学の限界を超えるものなのである。「なぜ」という問いは**心理的な**疑問であり、それは夢の外側からしか答えられない。そしてそれに答えられるのは、心の中の「夢を見ている部分」と「目覚めている部分」を仲介する部分である。

この夢の宇宙の中では、一見「物理的」と見えるものは、単に、夢を見ている者の**心理状態**が表われた結果なのである。

この宇宙の始まりは、ビックバンそのものだったのではなく、**意識**だったのである。

多くの人々が、意識にありとあらゆる霊的なニュアンスを付与しようとしている。

神聖な意識
キリスト意識
高次元の意識

しかし、意識は究極的には**二元的な幻想**である。それは、夢に属するものであり、真の現実(＝実相)ではない。

意識が存在するためには、ひとつのものを**二つに分ける**必要がある。観察者と被観察者、主体と客体の二つだ。

主体(観察者)　客体(被観察者)

したがって、意識とは、二元的な**自他**という概念を思い描く行為ということになる。それが、知覚の始まりである。

意識　二元性

ということは、**客観的な観察者**などというものは存在しないという意味になる。この宇宙では、観察者とは究極的には被観察者なのだ。

多くのものであるかに見えるひとつの心が、観察し、観察されている。

知覚されているものが、知覚するものでもあるってことさ。

ゆえに、意識とは、僕らを眠らせておくための策略に過ぎないのである。

肉体は意識の産物である。何かを知覚するためには、それを知覚する主体である何かと、知覚される対象となる何かが必要とされるからである。

個体は数多くの形で現われている。なぜなら、個体同士が互いを知覚するためには、それぞれが互いとは異なっていなければならないからだ。

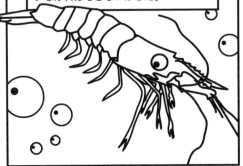

個体の例として単純明快なものは、**電子**である。電子は、異なる複数の素粒子を区別して、それぞれに異なった反応をすることによって、その環境を知覚している。

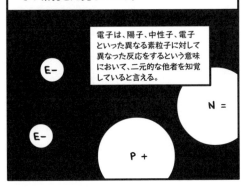

原子もまた、個体である。	細胞も。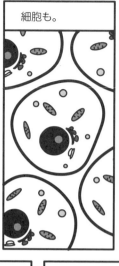	植物も。	そして惑星も。

あらゆる**もの**が、何らかの系列の個体である。それらは、「複数の個体からなる個体」で作られた個体であり、究極的には、個体は**想念**で作られているのだ。

この夢の宇宙の中では、すべての個体は**想念**の表れである。それは**分離**の想念であり、**二元性**の想念である。言い換えると、意識の産物ということになる。

外に投影されたとき、想念は、**集合的な幻覚**を引き起こす。それが、僕らが「物理的な宇宙」と呼んでいるものなのである。

だから、想念が投影されたものが、僕たちが**エネルギー**って呼んでいるものなんだ。

高度に凝縮されたエネルギーが、物質を作り出す。それが、詰まるところ、アインシュタインの $E = MC^2$ という方程式が意味することだ。

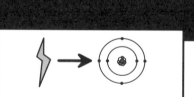

一片の物質の中に含まれているエネルギー(E)は、その質量(M)に、光の速度(C)の二乗をかけあわせたものに等しい。

エネルギーは、夢の想念である。それは**幻想**の想念なのである。

ゆえに、この宇宙の物理的法則のように見えるものは、単に、夢を見ている一つの心の**習慣的な**思考パターンにすぎないのである。

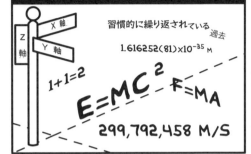

こうした思考パターンは、肉体たちが住む物理的な世界のように見えるものを作り上げる。

そして、肉体の方は、特定の**幻覚**を経験的に共有するための道具となっている。

これは、別の言い方をすれば、肉体が、知覚を**限定し**、コミュニケーションを**一定の経路へと限定する**のに一役かっている、ということだ。

たとえば、人間の耳は20ヘルツから20,000ヘルツの範囲の周波数の波動しか受け取ることができない。

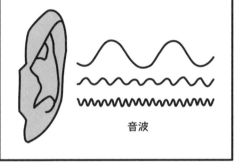

人間の目は、**可視領域**と呼ばれる範囲内の電磁放射線しか受け取ることができない。

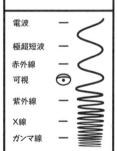

肉体の延長として機能する計器類を使えば、人間は、習慣的な限界を遥かに超えたものを受け取って、知覚できるんだ。

しかし、計器類自体にも、最終的には限界がある。

計器類は大きなパズル全体の中の小さなピースしか見えないという意味において限定されているだけでなく、人間は自分が見つけようとしている物事を探し出して測定するための計器だけを作る傾向があるという意味においても、限定されている。

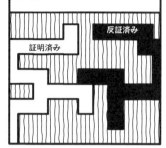

その結果、この夢の宇宙の仮説を支持するための証拠として僕らが収集し、使用する情報は、不完全なものにならざるをえない、ということになる。

証拠があるからといって、証明されたことには**ならない**んだ。仮説を支持するために僕らが使えるものが**不完全な**情報だけなら、仮説も不完全にしかならないから、簡単に反証できるものになるんだ。

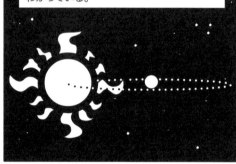

一例を挙げれば、その昔、太陽が地球の周囲を回転していると示唆する証拠はたくさんあった。しかし今では、新たな情報のおかげで、そうではないと僕らにはわかっている。

だから、今の時代で主流の科学が、いつか、新情報の発見によって、天動説と同じ運命をたどらないとは言えないんだ。

たとえば、人間は猿と同じ祖先から**進化した**という考えを例にとってみよう。

ひょっとすると、ヒトの起源は、現在の**「サル」**説よりもはるかに奇妙なものだということも、ありえるのである。

たとえば、ヒトの起源が**異星人**だというようなことも、ありえないことではない。つまり、人間はどこかの星の宇宙人かもしれないのだ。もしそうであれば、人間と宇宙人をつなぐ否定しがたい証拠が掘り起こされるということもありえるのだ。

もしそんなことになったら、昔からみんなが受け入れてきた「**サルと共通の祖先**」説は反証されて、すぐに、ぜんぜん説得力ないものになるよね。

もしそれが起こったなら、ヒトとサルとを結びつけていた従来の証拠は、再解釈される必要がでてくる。たとえば、サルのＤＮＡとヒトのＤＮＡの類似性といった証拠だ。

ことによると、宇宙のどこに行ってもDNAはDNAだということを、僕らが発見しないとも限らない。あたかも、水という物質が宇宙のどこにあっても水であるのと同じように。

だからね、同一の惑星環境に適応した二つの似たような二本足の温血動物が、地球上でのそれぞれの起源と言われているものとは無関係に、類似したDNAをもっているってこともありえるわけなんだ。

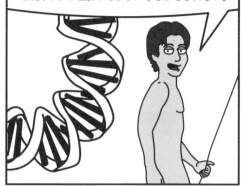

宇宙全体の中で生物に適した環境がある場所ならどこででも、DNAはその一貫性ある構造によって、同じような種類の個体を作るってことを、僕たちは理解するようになるかもしれない。

そうはいっても、人類がサルと同じ祖先から進化したか、異星人だったか、その両方か、その他の何かに由来するかにかかわりなく、人間の肉体は、これまでも今もそうである通り、夢の中の**あやつり人形**にすぎないのである。

だって、肉体の本当の起源は、夢を見ている心なんだから。

科学の枠内で、肉体たちが紡ぎだしている複雑怪奇な夢の歴史は、肉体を実在するかに見せておくための単なる**策略**にすぎない。それは、真の起源を、限定された情報という**迷路**の中に隠しておくだけなのである。

科学とは、**反証可能な数々の隠喩**を作り出すシステムである。それらは時には、肉体や物体の**修正**、**拡張**、**沈静**のための道具を構築することにおいて、役に立つこともある。

ペニシリン

もちろん、そうした発見のもつ意味のすべてを、すべての人々が受け入れたいと思うわけじゃないよね。その理由は、

夢を見ている僕たちはこの世界を、自分が学びたいことだけを教えてくれるような世界にしたからなんだ。僕たちがそうお膳立てをしたということさ。

だからね、僕たちは誰でも自分の目標に沿ってこの宇宙を解釈するんだ。目標とは眠り続けるか、目覚めるか、ってことだ。

それでも、僕たちはみんな、いつかは次のことを発見することになる…

この宇宙の**非真実性**のみが、宇宙の中の唯一の真実なのである。

これは、少々扱いにくい概念である。なぜなら、夢を見る者としての僕らの視点からは、この宇宙は実在しているように見えるからである。したがって、この宇宙が真実ではないという真理は、自己矛盾のように見える。

社会における真理の諸段階

信者の数	信念のレッテル
一人	妄想
小グループ	カルト
中規模から大規模の集団	宗教、哲学、文化
地域	政府
大多数の人々	真理

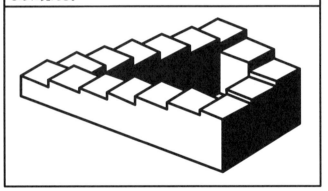

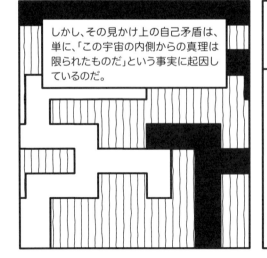

しかし、その見かけ上の自己矛盾は、単に、「この宇宙の内側からの真理は限られたものだ」という事実に起因しているのだ。

この宇宙の中で、無限である唯一のものは心であり、その無限なる心が、二元性を夢見て、限定という概念を夢の中に作り上げたのである。

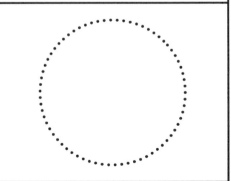

その二元性は、心を、創造者ではなく、知覚者とした。	夢の中では、心は**知覚**するけど、実相においては、心は**創造する**んだ。	この宇宙の中で僕らが「創造」と呼ぶものは、**二元的な作出**のことである。	この宇宙の中で僕らが何かを**作り出す**とき、それらは自分から**離れたもの**で、**永続しないもの、異なるもの**に見える。こうした属性は、真に創造されたものには、まったく当てはまらない。

真の創造　対　二元的作出

真の創造とは一元的なものである。

真に創造することは真に与えることである。それは限界なきものを無限なるものへ、永遠を超時性へ、愛を愛自体へと延長していく。真に与えるとは、すでに完全である全体に対して与えることであり、単に何かを何かにつけ加えるといった意味合いの「加えること」ではない。何かがつけ加えられるのだとしたら、加える前はもっと少なかったことになるからである。真に与えるということは、自ら溢れ出るのを抑えきれないものに、その目的を全うさせることにより、加えるということである。すなわち、自分がもっているすべてを与え放つことによって、すべてを永遠に自らのために確保するという目的が成就されるのである。(1)

その意味において、真の創造は**質的**なものである。それは量ではなく質の問題である。

一方、作出とは二元的なものである。

作出とは、収奪である。それは限界なきものを限りあるものへ、永遠を時間へ、愛を愛ではないものへと、投影する。作出とは、欠乏を補填するために、他者から盗むことによって、加えることである。ゆえに、作出は、差異と個性を強調することによって加えるのであり、すべてに満たないもの、作者から分離したものを作り出すために、全体から収奪するということである。

その意味において、作出とは**定量的**である。全一性からの分離を通して、それは、定量的な意味で全一性以下のものとなり、全一性とは異なるものとなる。

全部、わかったかな？

わからなくても、大丈夫。もしこの本の中に出てくる概念をもう全部わかってるなら、こんな本はいらないんだから。

この章で触れた概念は、この本の中でこれからもいろんな形で何度も取り上げるからね。

そのようにして、これらの概念が次第につながって、意味をなすようになってくるのである。

だから、**焦らないで**。

今は、この宇宙は**夢**だということを、ただ認識するだけでいい。一つの夢と、その夢を見ている一つの心があるだけだ。しかし、僕らは、個人としての存在と個人としての心という幻想を円滑にするために、限られた視点から、その夢を見ているのである。

事実は、この宇宙には、君がそれを**信じてるってこと**以外に、実在性はないってことなのさ。

この宇宙は**ありえないもの**。だからこそ、それは夢なんだ。

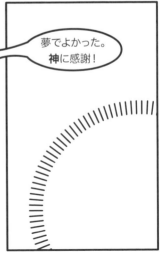

夢でよかった。**神**に感謝！

第 2/9 章

夢見る放蕩息子

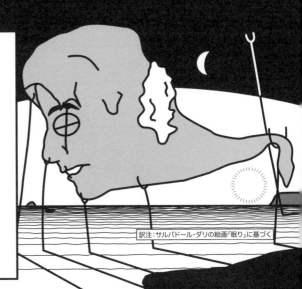

訳注：サルバドール・ダリの絵画「眠り」に基づく

イシュアっていう偉大な心理学者のこと、聞いたことある？

この本を書くきっかけとなるアイデアをひらめかせてくれたのが彼の心なんだけど‥

そのことについては、この本の最後で説明するからね。

イシュア、またはイェシュア。第二音節にアクセントを置いて発音されるこの名前が、現在は「イエス」と呼ばれている人物の本当の名前だった。

「イエス」という名は、彼の本当の名前を特定の形に翻訳しただけのものである。現代の世界では、この名前は、イシュアが実際に教えたこととはほとんど無関係な複数の宗教の折衷的な伝統により、主に行動で描かれた一つの人物像を表しているにすぎない。

キリスト教の分化　＊何万にもおよぶ少数派は、この図に含まれていない。

- 批判主義（☺ これはジョーク）
- 復興主義
- プロテスタント主義
- 英国国教派
- 西方典礼
- ローマ・カトリック教会
- 東方典礼
- ギリシア正教
- 東方諸教会
- ネストリウス派

ユダヤ教
初期キリスト教
エフェソス公会議
教会大分裂
カルケドン公会議
宗教改革
イシュア

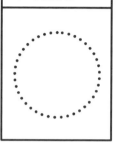

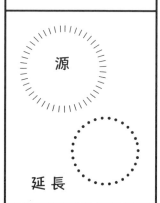

この宇宙の始まりについてイシュアが語る物語は、昔ながらの**アダムとイブ**の物語とはかなり違っている。アダムとイブの創世物語は、夢を見ている心が信じている錯綜した二元的信念の要約となっている。目覚めた心による**一元的**真理を表わしてはいない。

二元的な創世

神が二元的な世界を作り出し、アダムという名の男を作り、「エデンの園」と呼ばれる楽園に住まわせた。

罠

アダムは何をすることも許されていたが、一つだけ禁じられていることがあった。それは、善悪の知識の木から実を食べることだった。

その実を食べた日には、汝は必ず死ぬであろう。

更なる二元的な創造

神は女を作り、アダムの伴侶とし、イブと名付けた。

罠にひっかかる

イブは、蛇にそそのかされて、知識の木の実を食べてしまった。そして、イブはイブで、アダムにまで実を食べさせてしまった。

罪が実在化される

アダムとイブは、無垢性を失って隠れたが、神は彼らを見つけ出し、エデンの園から追い出した。

イシュアの時代に優勢な宗教はユダヤ教だったため、イシュアの教えは、巧みに変形されたユダヤ教のようなものになってしまった。

だからこそ、従来のキリスト教では、イシュアの十字架刑があれほどまでに強調されているのである。

ポール・ゴーギャンの絵画「黄色いキリスト」に基づく

ユダヤ教が、それ以前の複数の神を信仰する慣習を、単一の神を信仰する慣習へと入れ替えたように ——

――ヤギなどを生贄として神に捧げる古いユダヤ教の慣習が、キリスト教においては、神への究極の生贄としてのイシュアの十字架刑というものに入れ替えられたのである。

イシュアの教えたことは、実は、僕らが考えている従来のキリスト教よりも仏教に近いのである。

天国は内側にある。

伝統的キリスト教はたいてい、心を避けようとするよね。むしろ外に目を向ける傾向が強い。

幻想を作り出した心を変えるのではなく、幻想を変化させることに余念がない。

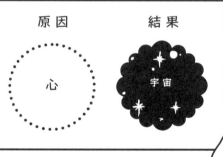

原因　結果
心　　宇宙

それは、原因を変えるのではなく結果を変えようとする。

イシュアも仏陀もどちらも心の重要性を力説したんだ。

しかし、仏陀とは違い、イシュアは神のことも強調した。

私と神はひとつである。

仏陀は夢から目覚めたが、イシュアは神まで帰り着いた。

私は目覚めている。

神にまで帰り着いたことにより、イシュアは、神についての真理を思い出したのである。

そして、神についての真理は、従来の宗教にでてくるような、宇宙を創造した古典的な人格神とは、かなり違ったものである。

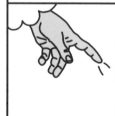

そのような人格神こそが、人々に夢を見続けさせ、目覚めることを恐れさせている虚偽なのだ。

そういう神は、二元性の神なんだ。移り気で、不完全で腐敗する物を作るし、分離を認識して、処罰するし、悪魔と呼ばれることがある本物の敵がいるし、えこひいきもする。

そうした神は、夢の神であり、**ニセの神**である。

それゆえに、真の神を見出すには、**二元的な神を信じない無神論者**になる必要があるとも言える。残酷で二元的な暴君に敬意を払うことで満足しないことが必要なのである。

この指をひっぱりなさい。

世界には、普通の無神論者はたくさんいる。彼らの多くは、真に無神論的であるというより、不可知論的である。しかし、二元的な神についての無心論者はまだ多くはない。

無神論者： 神の存在を信じない。

不可知論者： 神の存在をも不在をも疑っている。

有神論者： 神が存在すると信じている。

普通の無神論者とは、概して、二元的に考える人だ。従来の宗教の二元的な神の存在を実証できるような経験的証拠がないことに、ひとりよがりな慰めを見出す者である。

神を信じる理由なんかないよ。

逆に、二元的な神を信じない無神論者とは、一元的に考える者であり、それゆえに、二元的な神を受け入れることができないのである。

神が、完全な愛なら、それと同時に、宇宙を創造して世界に干渉する狂った存在でもある、なんてことはありえないよね。

でも、それは驚くにあたらないよね。正典と見なされている**聖書の中の福音書**は、イシュアの死後、数十年も経ったあとに、イシュアと一緒にいなかった人たちによって書かれたんだから。彼らの霊的な理解は限られていて、歪曲されたものだった。

イシュアの生涯と時代については、古代の神話と預言に当てはまるように操作されていたんだ。

最も正確な福音書は、イシュアの十二使途の一人だった**トマスによる福音書**である。

トマスの福音書は、イシュアの言葉を集めた未完の**語録集**だった。

しかしながら、初期のキリスト教会は、その福音書の教えには関心を示さなかった。それゆえに、それは破壊されてしまったのである。

その理由は、初期キリスト教会はイシュアが建てたものではなく、ファリサイ派であった**パウロ**の神学に基づいて建てられたからだ。

パウロ（もっと正確にはタルソスのサウロ）は、イシュアの直弟子ではなかった。パウロは、イシュアの初期の弟子たちを迫害した。しかし、西暦３３年頃に、パウロはキリスト教徒になった。

長いものには巻かれなさい。

キリスト教の勢力に加わったパウロは、イシュアの教えをユダヤ教のバージョン２みたいなものにしてしまったんだ。パウロの**ユダヤ教 ver.2.0**は人気を博したから、その結果、イシュアじゃなくてパウロの神学が、キリスト教になっちゃったってわけさ。

現在、破壊されたトマスの福音書について僕らが知っている唯一の理由は、密封された壺に入って埋められていたその写本の修正版が、1945年にエジプトのナグハマディで、発見されたからである。

トマスによる福音書のナグ・ハマディ写本には、イシュアが実際には言わなかった言葉とトマスが実際には書かなかった言葉も含まれている。

それでも、ナグ・ハマディ写本の中のトマスの福音書は、依然として、イシュアが実際に語り、考えていたことについての、最も正確な歴史的記録なのである。

でも、この話題については、これだけとしよう。**怪しげでややこしい**歴史について、長々と話すことは、まさに、夢の中で眠り続ける良い方法だからね。

馬鹿げてるよね！

事実を言えば、何ごとも、真の源から遠ざかれば遠ざかるほど、より歪曲されたものとなるということだ。

これは鉛筆ではない ーー

鉛筆を表わしている線画である。

そして同じ原則が、「神」として知られる原初の源についても、あてはまる。

これは神ではない ーー

シンボルマークにすぎない。

イシュアを偉大にしたのは、彼が真の神を知っていたからだ。

彼は完全に目覚めて、神のもとまで帰ったのである。

イシュアは、真の神は純粋に一なるものであると知っていた。純粋に一元的な、完全なる愛であると。

完全なる愛

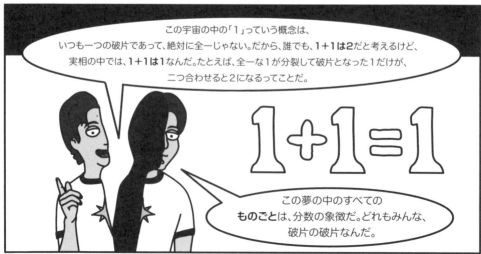

それには数字も含まれる。数字は、「無数の1へと分割された1」という概念である。

分数は、0と1の間の領域を表わしている。言い換えると、忘却と全一性との間の領域ということである。

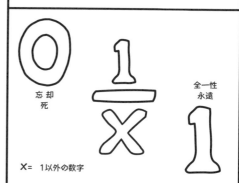

ちなみに、この本の章番号を分数にしたのも、この理由によるのである。

ページ番号も分数にすることはできたのだが、不要な混乱は避けることにした。

「1は寂しい番号だ」っていう歌の歌詞を、聞いたことある？ でも、それは間違ってるんだ。

破片としての1は、寂しい番号である。「全一な、一なるものからの分離」という概念だからだ。

真の一体性の中に孤独はない。そこには、欠けているものは何もないからである。

一体性についての象徴的な描写で、知性を満足させられるようなものは一つもない。だって、一なる心の状態っていうのは、二元性とは正反対の状態だし、二元性は、知的な表現のためには必要なものだからだ。

そういう意味では、一体性とは、真に**知る**ということができる唯一のものなんだ。それ以外のものは全部、知識のように思える幻想だ。

この夢の中にも、神と一致した状態を思わせるものごとがあるよね。たとえば、親しい人々との関わりとか、美しいものとか - -

- - でも、そうしたものも、本物とはぜんぜん比べものにならないのさ。どれも、真理の代替になろうとしているはかないシンボルにすぎないんだ。

神は一なるものであり、一なるものは、すべての象徴を超えたもの、すなわち、すべての破片を超えたものである。だからこそ、神の**偶像**を作ってはならないと言われているのだ。神を、完全な全一性ではなく、破片にしてしまうだけだからだ。神を一つの幻想としてしまうことになる。

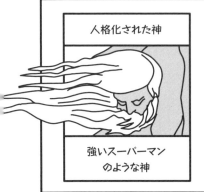

人格化された神

強いスーパーマンのような神

汎神論的な神

美や自然としての神

神の代替

世界の中に見出されるものとしての神

シンボルは、体験そのものじゃない。

だが、この夢から出る道や、体験そのものへの道を、シンボルが指示することはできる。

もし夢から出る道がなかったとしたら、この夢が実在しているってことになるからね。

幸い、そういうことは、この夢自体と同じく、ありえないことなんだ。

第 $\frac{3}{9}$ 章

起こりえないことが起こったわけ

（でも本当は起こってない）

この夢の宇宙の歴史は、「放蕩息子」のような寓話にまとめることができるし…

数式で表わすことさえできるけど…

（ヒント：数式を解けばわかるよ）

$$1-1\frac{(1-1)}{x}=1$$

この夢の歴史を本当に理解するには、それを一歩一歩、詳しく見ていかねばならない。だから、今からそれを始めよう。

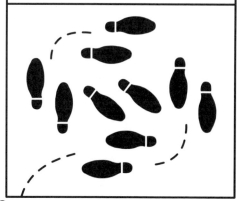

夢が始まる前には、神の一体性があったし、それは今もあり続けている。それをここでは〈一なる心〉の状態と呼ぶことにする。

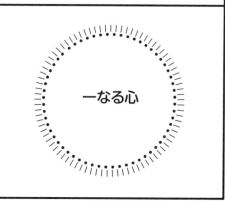

一なる心

始めとか終わりといった概念は、一体性の中ではありえないものだ。

だから当然、誰でも、「それなら、どうして起こりえないことが起こったの？」って、聞きたくなるよね？

でも、一言で答えれば、それは起こってないんだ。

だから、「起こった」と言い張って、質問をするのはやめよう！

もし天国の一なる愛で完全に満たされていたのなら、なぜ、私たちはそこを去ったという夢を見る選択をしたの？

もし神が完全無欠の一なる存在なら、その心の中に、どのようにして不完全な想念が生じたの？

たとえ僕たちが目覚めたとしても、再び夢を見始めないと、どうしてわかるの？

夢は実在しない。夢に埋没している者たちは、それが実在するという妄想を抱いているが、夢は実際には起っていない。

神はこの夢については何も知らない。だって、幸い神は狂ってなんかいないからね。神の実相の中では、この夢は、始まった途端に終わってるんだ。

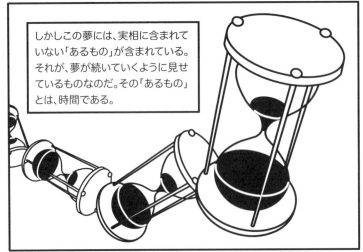

しかしこの夢には、実相に含まれていない「あるもの」が含まれている。それが、夢が続いていくように見せているものなのだ。その「あるもの」とは、時間である。

時間とは、永遠が分裂したかに見えたときに生じた分離の概念である。

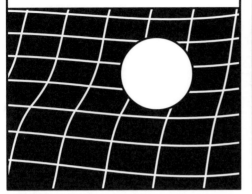

始まりと終わりは、時間の概念から生じる。時間は空間と絡み合って、**アインシュタイン**が「時空」と呼んだものを形成している。

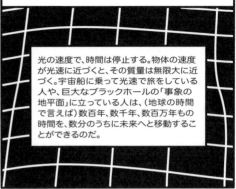

この宇宙を仔細に眺めてみたことのあるまともな物理学者なら誰でも、時空の可変性について証言することができる。

光の速度で、時間は停止する。物体の速度が光速に近づくと、その質量は無限大に近づく。宇宙船に乗って光速で旅をしている人や、巨大なブラックホールの「事象の地平面」に立っている人は、（地球の時間で言えば）数百年、数千年、数百万年もの時間を、数分のうちに未来へと移動することができるのだ。

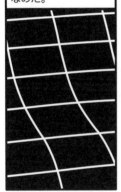

時空とは、分離という概念である。それは当然、実在しないものなのだ。

実相においては、君と神との間に時空は存在していない。君と僕との間にも時空は存在していない。僕は君で、君は僕で、僕らは実相においては神とひとつなのである。

一体性の中では分離できない

僕たちは本質的には神の子なんだ。キリストとも呼ばれている存在だ。ということは、神が僕たちの作者、つまり源だってことになる。

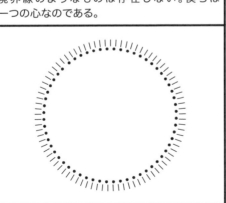

神の子は無限に創造的な神の**延長**である。どこまでが神でどこからが神の子なのかを示す境界線のようなものは存在しない。僕らは一つの心なのである。

「**神**が知らないものは何も存在しない。そして、**神**が知っているものは永遠に変わることなく存在する」(1)

この言葉の意味を、しばらく噛みしめてみてごらん。

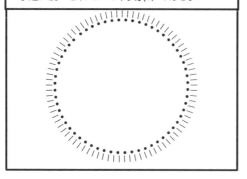
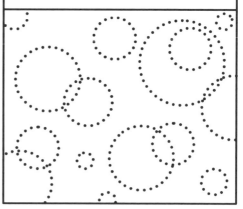

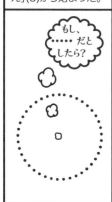

その狂った考えというのは、神と共有されていない想念をもつという考えであった。それは神から分離しているという考えであり、したがって、**特別な存在**でいるという考えである。

もし、「全て」よりももっと多くを所有したら、どうなるんだろう？ もし、神から離れて私的な考えを持ったら、どうなるんだろう？ もし特別な存在になったら、どうなるんだろう？

一体性の観点からは、それはありえないことだよね。

そのような考えは、愚の骨頂である。

それは実際、これまで語られたことのあるジョークの中でも最大のジョークであると言える。この夢の宇宙の中のあらゆるユーモアが、そのジョークに由来しているのだ。

ユーモアの掟
（人を笑わせる秘訣）

肯定 ＋ 否定 ＝ 面白い
否定 ＋ 否定 ＝ 深刻
肯定 ＋ 肯定 ＝ 深刻

人々を笑わせるには、彼らに、心の中で「はい」と「いいえ」の両方を同時に言わせるだけでいい。同時の「はい」と「いいえ」は、内的緊張を引き起こし、それが笑いとなって放出されるのだ。

しかしながら、ジョークであったとはいえ、その考えは二元性を生じさせ、意識を生み出した。

それは、二つの別個の心として対立する「自分と神」という概念を引き起こした。

究極の対決

それにより、**一なる心の状態**は単なる記憶と化してしまった。そして、それが単なる記憶になったとき、僕らの心は、**正しい心と間違った心**へと分裂してしまったのである。

正しい心は、実在する神についての記憶を維持したが、一方で、間違った心は、分離が実在するという概念を抱いた。

註：正しい心と間違った心という概念は、肉体の頭脳の右脳と左脳とは違うので、混同してはいけない。肉体の頭脳は、分裂した心から生じた結果であり、決して、その原因ではない。

正しい心　対　間違った心

正しい心については、キリスト教用語から拝借した「**聖霊**」という名称を使う。
聖霊は、一体性を代弁する声だ。
聖霊/正しい心は、また、僕らの真の自己と呼ぶこともできる。それは、イシュアが同一化した自己でもある。

間違った心については、心理学用語から拝借した「**自我**」という名称を使う。
自我は、分離・分割・葛藤・個別性を代弁する声だ。
自我とは、僕らが普通、「**私**」という言葉を使うときに意味しているものである。

聖霊のシンボルマーク

自我のシンボルマーク

僕らの心の分裂に伴い、意識的に選べる選択肢が生じた：

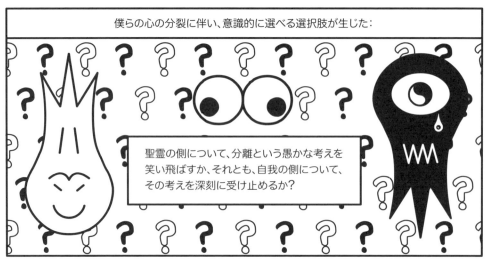

聖霊の側について、分離という愚かな考えを笑い飛ばすか、それとも、自我の側について、その考えを深刻に受け止めるか？

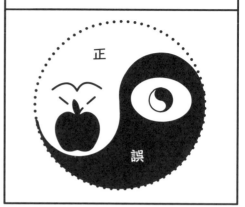

だから、言うまでもなく、自我を選んだことにより、僕らはありとあらゆる狂った考えを抱くようになった。その理由は、今や二元性という概念を全力で信じるようになったからである。神との一体性の中で僕らが知っていたことのすべては、突如として、その対極の概念で相殺されるようになった。

僕らは、天国を破壊し、神を殺したと、信じ始めた。自我は、僕らに向かって、その考えを「罪」と解釈してみせた。罪を信じることにより、処罰という概念が生じ、さらに、恐れが生まれた。それは、神を僕らの敵のように見せかけた。

神
ここに眠る

この墓から
殺人鬼ゾンビが
よみがえり、
死よりも恐ろしき
復讐をもたらす
であろう。

このすべては、信じがたいほどの狂気であり、真実ではなかった。しかし僕らは、狂気の闇の深みへと、速やかに落下していった。神の完全なる愛は、狂った自己憎悪へと入れ替えられていったのである。

(4)

僕らは、次第に、途方もないうしろめたさを感じ始めた。押しつぶされるように苦しく、恐ろしい、罪悪感だ。

罪悪感とは、本質的に言って、自己憎悪であり、自己妨害へとつながるものだ。

罪悪感の過去形は罪で、罪悪感の未来形は恐れだ。

罪・罪悪感・恐れからは、時間が生じる。時間とは、「永遠」を選ばないなら必ず生じる選択肢なのだ。

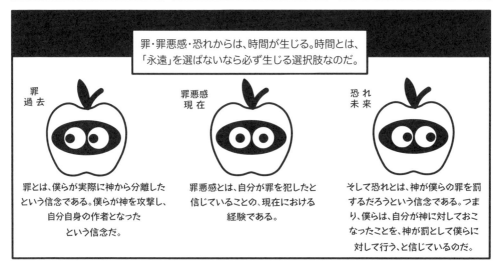

罪　過去

罪とは、僕らが実際に神から分離したという信念である。僕らが神を攻撃し、自分自身の作者となったという信念だ。

罪悪感　現在

罪悪感とは、自分が罪を犯したと信じていることの、現在における経験である。

恐れ　未来

そして恐れとは、神が僕らの罪を罰するだろうという信念である。つまり、僕らは、自分が神に対しておこなったことを、神が罰として僕らに対して行う、と信じているのだ。

幸い、時間にはもう一つの側面があり、それは時間を**崩壊**させるのを助けるものである。それは聖なる瞬間だ。しかし、それについての説明は、またあとで。

無罪の現在

聖なる瞬間

僕たちが新たに直面した罪悪感が苦しいものだったから、自我は、それを捨ててしまえるかに見える**解決策**を与えてくれたんだ。自我が言ったことはこうだ：僕たちが自分のアイデンティティーを保ちながら、神という**殺人鬼ゾンビ**から安全でいられるような**隠れ場所**を持てるということ。それから、天国の代替えを作ることができて、僕たちの心から神を追放できるということ。

解決策があるよ。

そしてそれに伴い、ビッグバンが起こった。もっと正確に言えば、巨大な**投影**だ。

自我は、神からの分離についての、狂気と罪悪感にまみれた信念体系を、**否認**してしまった。それにより、罪悪感は無意識のものとなった。

註：地獄という宗教的な概念は、僕らの無意識の罪悪感のおぞましい苦悩の象徴なのである。

それは、悪魔という宗教的な概念が、自我の象徴であるのと同じだ。それらは、文字通りに受け取るべきものではない！

ジークムント・フロイトにより解明された心理学的な心の法則によれば、**否認は投影につながる**。したがって、僕らは、心の中で罪悪感を否認したあと、それを外に投影した。僕らは、文字通り、**心の外に出てしまった**のである。

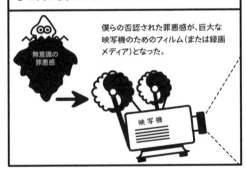

僕らの否認された罪悪感が、巨大な映写機のためのフィルム（または録画メディア）となった。

投影されたものが、投影した心の状態を証しするものとなった。「内的状況の外的映像」(5)となったのである。

全国の劇場で上映中

ユニバース オブ・ザ・ リビングデッド

（生ける屍の宇宙）

訳注：映画「ナイト・オブ・ザ・リビング・デッド」のもじり

投影は、僕らの一なる心を無数の断片へと粉砕してしまった。そのすべての断片が、神からの分離について、お互いを責める能力をもつようになった。

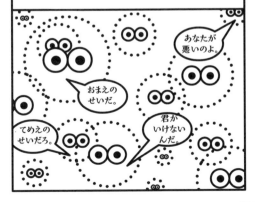

一なる心の断片たちとは、僕らが「**魂**」と呼ぶものである。魂は、ひとつの夢見る心の、個別化された断片である。

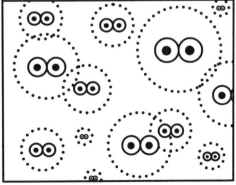

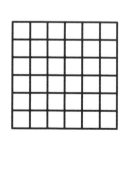

だけど、この宇宙の**根源的なフラクタル**は、形態や形状のことじゃないよ。形態は、ただの結果にすぎない。根源的なフラクタルが投影されたときに生じる結果だ。

形態とはホログラムのようなものだ。ゆえに、僕らには一見すると物質的であるように見える世界も、ホログラムのようなものである。しかし、根源的なフラクタルがなければ、ホログラムは存在しえない。

この宇宙の根源的なフラクタルは、**想念**である。一体性からの分離という想念だ。神と共有されていない想念を持つという考えだ。

これを別の言葉で言えば、「この宇宙の根源的なフラクタルは**二元性**だ」ということになる。二元性とは、二進法の情報単位なのだ。

コンピューターが使うようなバイナリーコードは、1はオンのスイッチ、0はオフのスイッチを表している。宇宙的なスイッチでは、(1)は、天国の一体性（真の愛）の無限の光である。一方、(0)のスイッチは、エネルギーの無限の流れを止めるものだ。一体性という無限の光のスイッチをつけたり消したりすることから生じているのが、この夢の宇宙なのだ。生ける(1)屍(0)の宇宙 ― ユニバース・オブ・ザ・リビング(1)デッド(0)だ。

数学的に言えば、聖霊は、全体としての一なるものを表し、自我は、ゼロを、あるいは一なるものの完全な消滅状態を、表している。

1というコードは天国に相当する。
1
0というコードは、忘却に相当する。
0
そして、複数の1と複数の0の混ざったコードは、この夢の宇宙に相当するのだ。
01000010011010010110111001100001011100

幸い、0はありえない状態である。一体性のみが真実だ。したがって、自我の領域は、1と0の間の幻想の領域にある。それは、二元性のフラクタルで支えられている分数の領域なのだ。

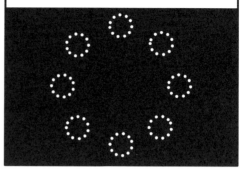

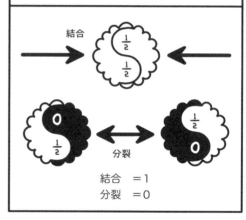

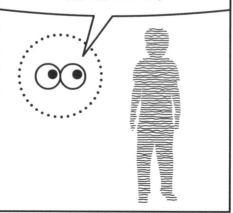

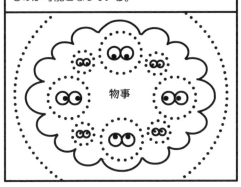

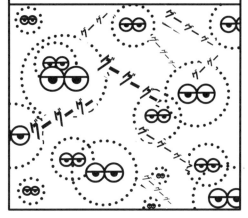

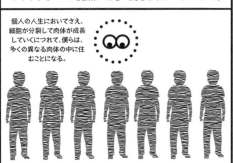

だから、よくある考え方のように、「子供たちは、無垢な白紙状態でこの世に生まれたあとで、世界によって堕落させられる」というわけではないのである。…赤子たちが身に着けている「無垢なる顔」は、自我の策略の一部であり、自分は「自分で作ったのではなく自分に押し付けられた世界」の被害者であると、僕らを信じさせ続けているのである。

肉体は、心を忘れた状態を保つのを助ける。幻想の夢の宇宙に心を固定させておくのだ。肉体は、自我か聖霊かを選択する決断の力を心が思い出せないようにする。

第1/9章で述べた通り、個体は数多くの形で現れる。実際、個体とはすなわち形態である。原子、細胞、植物、惑星など、すべてが個体である。

個体は、複数の個体による一種の階層のような個体によって作られているんだ。でも、個体が人間だろうと、かたつむりだろうと、単細胞だろうと、岩だろうと、その他のどんな形の個体であろうと、すべての個体は、それらの非実在性においては同じなのさ。

全ての個体は、単に、繰り返し投影されている単一の想念の結果にすぎない。二元性のフラクタルである。

二元性のフラクタルとは、要するに、割り算である。そして、分割が情報を作り出す。情報は、さまざまな**特別な結合**を形成するために配列されており、その結合の中心では、単に、**特別な差異**（さらに分離）を強調するために行動する。その意味において、個体から成るこの物理的宇宙の全体が、情報という観点から説明できるのだ。しかし、そのテーマは、この本で論じられる範囲を超えている。

4ビットの宇宙における
二元性のフラクタル

```
1111    1011    0000    0100
1110    1001    0001    0110
1101    1000    0010    0111
1100    1010    0011    0101
```

ここではただ、「情報とは本質的に**エネルギー**である」と言うだけで充分だ。そして特別な結合を介した複数の個体の形成は、エネルギーを消耗するプロセスである。言い換えると、個体を作り出すためには、あらかじめ存在している結合は、新しい結合を形成するために、壊れなければならない。そして、そのプロセスが、エネルギーを消耗するのだ。

投影されている想念は、情報である。そして、個体は、一続きの情報のかたまりのようなものだ。情報はエネルギーであり、高度に凝縮されたエネルギーが物質だ。したがって、投影されている想念、情報、エネルギー、そして物質は、すべて、二元性のフラクタルのさまざまな形態なのである。

エネルギーとは、投影されている想念にすぎないので、新たに創造されたり破壊されたりすることはありえない。しかし、形を変えることはできる。

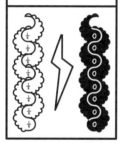

このことは、科学においては**エネルギー保存の法則**として知られている。

この宇宙のエネルギーとは、「分割されていない真の愛」の貧弱な模倣にすぎず、一体性の無限のエネルギーに取って代わろうとしているものなのだ。

エネルギーが形を変えるプロセスは、仕事と呼ばれる。時間が経てば、閉鎖システムにおいて仕事をするのに使えるエネルギーの量は減少し、それにより、**エントロピー**は増加する。

コップの中で溶けている氷は、エントロピーが働いている例である。エントロピーとは、特定のシステムにおいて、使用不可能なエネルギー量の尺度である。簡素なスターリングエンジンを使えば、コップの中の氷とそれより高い温度の周囲の環境との熱エネルギーの差を、運動へと変換することができる。

仕事とは、本質的には、個体を維持し、この夢を保っているものなんだ。

個体／肉体は、不均衡を必要とする。互いに均衡関係にある個体同士は、一つの個体であるか、全く個体でない無かのどちらかである。

灰から灰へ
塵から塵へ

死骸は、それが置かれている環境が土壌であれ、動物の内臓であれ、その環境との間で均衡を求める。

この宇宙の根底にある「食うか食われるか」という心理は、物理学では**熱力学の第二の法則**として表現されている。別名、**時間の矢**だ。

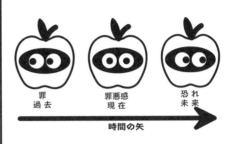

僕らの時間の経験は、罪・罪悪感・恐れに対応する。そして、罪・罪悪感・恐れは、過去・現在・未来を生じさせる「非神聖なる三位一体」を形成し、それを僕らは、時間の矢として経験する。

時間とは、実は、時間の矢が示唆するような直線的なものではない。しかし、僕らの罪悪感により、僕らの時間の経験は直線的になっている。

どの瞬間においても、個体たちの住むこの宇宙は、存在していない。それは「常に思い出されたり、予期されたりする」(6)だけだ。

仏陀はかつて、次のように述べた。

もし太陽や惑星（個体）が存在せず、何もない空間しかないなら、宇宙はその実体を失ってしまう。

そして、空間と時間は、相互に関連し合っている分離の想念であるから、同じことが、時間についても言える。

「時間と空間は異なった形をとる同一の幻想」(7)だってことなんだ。

破壊された個体という概念は、卵だろうと、コーヒーカップだろうと、犬だろうと、人間だろうと、何であれ、罪・罪悪感・恐れという自我の思考体系を強化する。

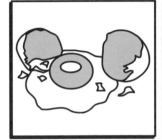

罪とは、取り消せない**過去**の間違いという概念である。

罪悪感とは、過去の罪に由来する影響についての**現在**の知覚である。

恐れとは、処罰を**予期**することである。

壁から転落するハンプティ

落下中のハンプティ

地に落ちて壊れたハンプティ

幸い、心は、個体のように、狂ったルールに支配されてはいない。心は永遠だ。ということは、心の断片も永遠である。けれども、永遠に断片であり続けるという意味ではない。

実相においては、この夢全体がすでに終わっている。なぜなら、それは本当は始まってさえいないからである。そして、その事実は、時間についての聖霊によるもう一つの選択肢で表わされている。それは聖なる瞬間だ。

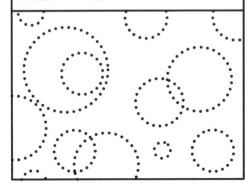
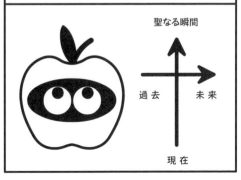

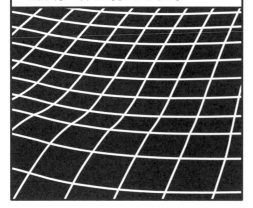
時空とは、存在しているように見えているだけのものだ。それは夢の中でのみ見つかるものであり、夢の外では見つからない。

この夢はそれ自体の外側で作られたので、この宇宙の脚本はすでに書かれているのである。それは、**ビデオ・ゲーム**のようなものだ。ゲームの筋書きはすでに書かれている。でも、ゲームの終わりに到達するには、数多くの道がある。

そして、ビデオ・ゲームのプレーヤーたちと同じように、今、僕らも実際には、この宇宙にいないのである。僕らは、ひとつの心の中で予め書かれた情報の境界線に立ち、そこから、この投影された宇宙を眺めているのだ。

僕らは単に、狂気についての昔話のページをめくり続けることに没頭していて、実相に戻るために本を閉じるのを拒否しているだけなのだ。

脚本の中に書かれていることは、いつか起こるし、実際、すでに起こっているのだ。僕たちが夢の内側で、なんとかして夢の脚本を書き換えようと努力しても、無駄なことだ。

僕たちはすでに、始まりと中間と終わりを書いてしまっている。だから、無意識のレベルでは、僕たちはすでに、脚本の中のすべてのことを知っているんだ。

すべての死の日付は決まっているし、すべての誕生の日付も決まっている。さらにもっと多くの死の日付も決まっていて、その間に起こることもすべて決まっている。

脚本の中には、別の可能性のシナリオもある。しかし、夢の一つのバリエーションを選ぶのをやめて、もう一つのバリエーションを選ぶだけだから、ゼロサム・ゲームである。

おやつはオレオ・クッキーにしようかな。それとも、チョコレートチップ・クッキーにしようかな。

この夢の中で僕らが持っている唯一の真の自由意志の形態とは、自我ではなく聖霊を選ぶことのできる力である。

聖霊は、時間の終わりから振り返って、僕らを夢の外まで導いてくれるのだ。

したがって、抑圧された正しい心（＝聖霊）が現れるようにすればするほど、脚本は短くなるのである。

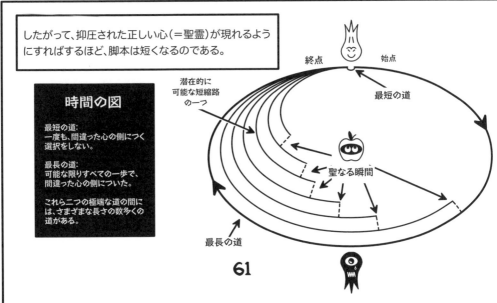

時間の図

最短の道:
一度も、間違った心の側につく選択をしない。

最長の道:
可能な限りすべての一歩で、間違った心の側についた。

これら二つの極端な道の間には、さまざまな長さの数多くの道がある。

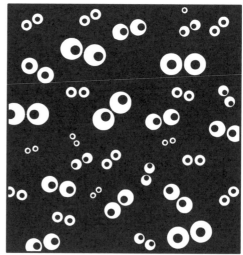
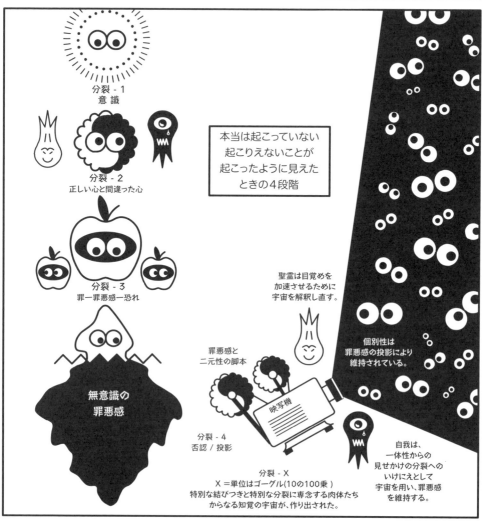

第 4/9 章
自我の悪夢

140億年以上も前に、このありえない宇宙の夢を見始めたとき、僕たちは「5つの混沌の法則」を作ったんだ。

 混沌の法則 (1)
（宇宙的規模の精神疾患）

1　真理は人によって異なる。誰もが分離していて、誰もが他人から自分を区別する異なった考えや価値観をもっている。幻想にはその真実性の度合いによる違いがあり、それにより、ある幻想は他の幻想よりリアルで克服し難いものに見える。

2　誰もが必ず罪を犯すはずであり、したがって攻撃と死を受けるに値する。誤りは、訂正すべきものではなく処罰すべきもの。誰でも撤回不可能な死刑を自分に宣告していて、神にさえそれを無効にする力はない。

3　神は分離を受け入れていて、それを憎んでいる。だから、救済は不可能となっている。

4　食うか食われるか。獲得することは、他者が失うことの上に成立している。誰もが自分が獲得したものを所有する。そして、誰もが自分が獲得したものを自分の中に隠しておくのだから、それには価値があるはずだ。

5　他者が自分の中に隠していたものを盗むことによって生じる愛の代替（特別性）というものがある。

「混沌の法則」は完全に狂ってる法則なんだけど、僕たちの足元のこの地面を、実体があるように見せているのが、この法則なのさ。もしこの法則を信じてなかったら、僕たちは自分がここにいると考えることはないんだ。

1 真理は人によって異なる。誰もが分離していて、誰もが他人から自分を区別する一組の異なった考えや価値観をもっている。幻想にはその真実性の度合いによる違いがあり、それにより、ある幻想は他の幻想よりリアルで克服し難いものに見える。2 誰もが必ず罪を犯すはずであり、したがって攻撃と死を受けるに値する。誤りは、訂正すべきものではなく処罰すべきもの。誰でも撤回不可能な死刑を自分に宣告していて、神にさえそれを無効にする力はない。3 神は分離を受け入れていて、それを憎んでいる。だから、救済は不可能となっている。4 食うか食われるか。獲得することは、他者が失うことの上に成立している。誰もが自分が獲得したものを所有する。そして、誰もが自分が獲得したものを自分の中に隠しておくのだから、それには価値があるはずだ。5 他者が自分の中に隠していたものを盗むことによって生じる愛の代替(特別性)というものがある。

夢の中身というのは、自我の悪夢のことだ。

自我は夢の中にしか存在しない。だから自我は、僕らが眠っていないと生き続けられない。

夢は「形態」にすぎない。夢の「内容」は全く真実じゃない。でも、形だけを見て中身を無視する人たちには、「混沌の法則は秩序の法則」(2)となっているんだ。

ゆえに、
聖霊を選んで、この夢から目覚めたいのなら、夢の中身を暴き出さなければならない。

自我の悪夢は複雑で矛盾だらけ。分離の想念の上に築かれているからだ。

だが、聖霊の真理は、シンプルで一貫性がある。全一性の上に築かれているからだ。

本当に救われる道は、聖霊の正気の道だ。それは目覚めに導く。

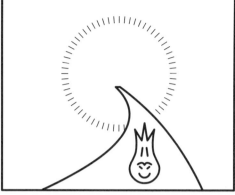

ニセの救いの道は、自我の狂気の道だ。それは夢を見続けさせる。

救済とは、神からの分離のように見えるものから生じている罪悪感に、対処する手段である。

聖霊は、僕らが罪悪感を溶解させて、目覚めることを望んでいる。

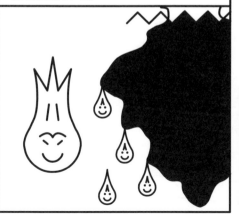

自我は、僕らが罪悪感を**リサイクル**して神を恐れ続けることを望んでいる。僕らに、「自分は心ではなく肉体だ」と思い込ませて、夢を見続けさせるためだ。

罪悪感は否認と投影を通して、リサイクルされる。この宇宙全体が、否認された罪悪感の投影なんだ。

すべてが自分の**外にある**ように見えている。自分の体さえもが。

「すごいなー。この手をみてよ。」
「僕に手があるってこと自体が奇妙だ。」

すべてが自分の外にあるように見えるので、自分の罪悪感も、外にあるように見える。

「問題は世界にある。僕にはない。」

外在化された罪悪感が、問題という形となって現れる。自我は僕らを欺いて、問題の解決法も外にあると言う。これによって、僕らが内側に目を向けることが妨げられ、いわゆる「問題」と呼ばれているものの本当の起源と解決法を見ることができなくなっている。

ユニバース・オブ・ザ・リビン

だから、問題解決を世界に求めることは、映画館で映画を変えようとしてスクリーンを叩いているようなものだ。映画の源は映写機で、スクリーンじゃない。映写機は、既成のフィルムを映写するだけだ。フィルムの内容を変えることはできない。君にできることは、映写機からフィルムを取り出して光と取り替えるという選択だけなんだ。

サイエンス・ミステリー劇場にいるアレックス

問題というものは、僕らを物理的なことに没頭させる。だから、僕らは心の外で心の選択の力を忘れたままになり、聖霊を選んで目覚めることができなくなる。

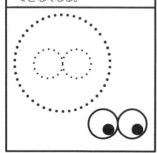

問題は無数の形で表われているように見えるが、本当は、一つの問題しか存在しない。それは、「自分は神から分離した」という罪悪感だ。

「あなたがなぜ治療を受けにきたか、もうわかっているわ。自分が神から分離したと思っているんでしょう？」

僕らは、自分が神から分離したことを示唆する世界を知覚している。それにより、僕らの本当の**アイデンティティー**についての混乱が永続化されているのだ。

この宇宙の中に存在しているように見えている他のすべての問題は、単に、この根源的な問題を象徴しているだけなのだ。

健康の問題
恋愛の問題
お金の問題
麻薬の問題
肥満の問題
仕事の問題
学校の問題
交通機関の問題
法律的な問題
家族の問題

これらはすべて知覚の問題であり、「神からの分離」と知覚されたものから生じている。

その知覚にまつわる罪悪感は否認されているが、問題が生じたとき、それが表面化されるのだ。

罪悪感の経験が、すべての形の**苦痛**（身体的苦痛と心理的苦痛の両方を含む）の源である。

問題というものは、それが心の中の罪悪感を思い出させて、その罪悪感が痛みとして表面化するからこそ、問題となるのである。痛みがなければ、問題は問題とならない。

だから、実際、罪悪感がなければ、問題もないということになるんだ。**すべての問題は知覚によるものだ**。「無罪の心が苦しむことはあり得ない」(3)

夢を見る者としての僕らに理解できるのは、自分は罪悪感にまみれた肉体だということのみである。それゆえに、肉体がこの夢の主人公であり、自我の住む家である。「肉体とは自我の偶像である」(5)

自我は肉体の中にいることで安全だと感じる。なぜなら、肉体の脆弱さゆえに、「肉体の中にある心が神からのものではありえない」(6)と論ずることができるからである。

無神論的傾向の人たちが、よくこれと同じ論法を使うけど、それも偶然じゃないんだ。

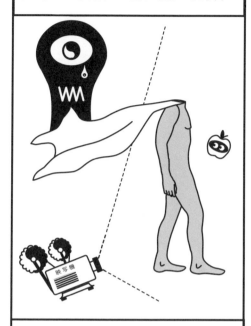

「肉体とは、‥‥罪への信念が肉となり、外に投影されたものである。このことが、心の周りを取り囲む肉の壁のごとく見えるものを生み出し、心を、空間と時間を占める微小な一点の中に囚人として幽閉する。死に恩義を受けているこの囚人には、嘆息をもらし、悲嘆にくれ、その主人を讃えて死んでいくために一瞬が与えられるだけである」(5)

しかし、自我は肉体を憎んでもいる。それを自らの住処にふさわしいものとして受け入れられないからである。(6)

僕らは自分が肉体の一部であって肉体が僕らの保護者だと、自我から教えられている。それなのに、その上でさらに自我は、肉体は僕らを保護することはできないとも教えるのである。(6)

弾丸の集中砲撃に敗れしたくましく強き肉体、ここに眠る。

こうした矛盾は、自我の狂気にはよくあることだよ。

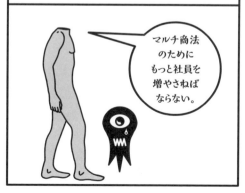

「肉体は自分の夢を共有できる特別な肉体を周囲に探し求める」(7)

「時には肉体は、自分よりも弱い肉体の征服者であるという夢を見ることもある」(7)

「しかし、夢の中の或る局面においては、自分を傷つけたり拷問したりする他の肉体たちの奴隷となることもある」(7)

「誕生から死に至るまでの肉体の一連の冒険が、世界がこれまでに見てきたあらゆる夢のテーマである」(7)

肉体が**この夢の主人公**なのである。夢の主人公も夢の目的も、決して変わることはない。「夢自体が多くの形で現れ、その**主人公**は非常に多くの様々な場所や出来事の中に自分を見出すように見えるが、夢には一つの目的しかなく、それがさまざまな形で教えられているだけである」(7)

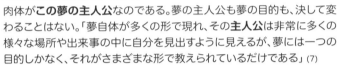
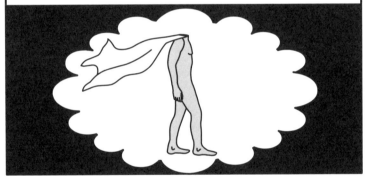

夢が何度も繰り返して教えようとする一つのレッスンは、これだ。「夢は**原因**であって**結果**ではない。あなたは夢の結果であって、夢の原因ではあり得ない」(7)

実際には、肉体は心の中にある。だから、自我が主張しているように心が肉体の中にあるのではない。

実際、肉体はただの**操り人形**みたいなものなんだ。ずっと昔に一つの心が書いた脚本によって作られて、コントロールされているだけさ。

一見、外からの影響のように見える形で、脚本通りの糸が、僕ら操り人形の体を操っている。

これらの糸は、事実上、二元性（1、0）の波動だ。

これらの糸がすべてをコントロールしているのだ。僕らの考えさえも。

しかし、この糸は極めて複雑であるから、完全に科学的な方法で糸の起源までさかのぼることは難しい。これらの糸は曲がりくねり、絡み合い、クモの巣のような欺きの網の裏に、人形遣いを隠しているからだ。

脚本通りに動いているこの夢の中では、どの瞬間においても、僕らに残されている本当の選択の自由は、一つだけである：

人形遣いを、「聖霊」とするか、「自我」とするか。この選択だけだ。

僕らが選ぶ「人形遣い」で、脚本が決まり、どの糸が引っ張られるかも決まることになる。

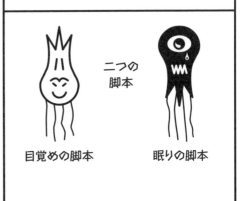

二つの脚本

目覚めの脚本　　眠りの脚本

| 聖霊を選べば選ぶほど、僕らは速く夢から目覚めて、肉体と夢を信じるのをやめることができるようになる。 | 反対に、自我を選べば選ぶほど、僕らは夢から抜けられなくなる。ーー肉体に依存して、自我の「被害者／加害者」ゲームを続けることになるからだ。このゲームはどこにも行き着かない。 |

 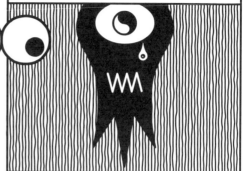

「被害者／加害者」ゲームこそが、僕らが罪悪感から身をかわしつつ、それをそのまま持ち続ける方法である。

自我は有罪性／罪悪感に惹かれている。僕らに神を恐れさせる「罪」は、罪悪感によって立証されるからだ。僕らの自己憎悪の表明である罪悪感があれば、僕らを夢の中につなぎとめておけるからだ。この夢とは、このような自己限定が分割されている状態なのだ。

自我が罪悪感をなんとか耐えられるものにしておく方法は、投影だ。

この夢の宇宙の中では、投影は「特別な関係」という形をとる。

特別な憎悪	と	特別な愛

僕らは、自分で抑圧した罪悪感を他人に投影するために、「特別な憎悪の関係」を使う。僕らにとって、敵は大切なものだ。敵がいないと、責める相手がいなくなるなるからだ。天国を破壊したと思った罪を、敵になすりつけて、自分は**無垢なる顔**という仮面を被っている。

僕らは、自分で抑圧した罪悪感によって残された内なる虚空を満たそうとして、「特別な愛の関係」を使う。「特別な愛」の対象は、僕らにとって大切なものだ。そうした愛がなければ、「自分は神から分離している」という自分の罪の信念から生じている**空虚感**を隠蔽するために使えるものが何もなくなってしまうからだ。

君の写真を貼ってね。

特別な愛は、この世界では「愛」としてまかり通っているけど、それは本当の愛じゃない。本当の愛はすべてを包み込むものだからね。特別な愛は、愛の自我バージョンなんだ。それは僕たちと神との間の神聖な関係に取って代わる貧弱な**代替**だ。

特別な愛の関係では、人々は、自分の特別なニーズが特別なものごとによって満たされると信じてる。たとえば･･･

-- 人々 --

恋人
家族
友人
性別
世代
人種

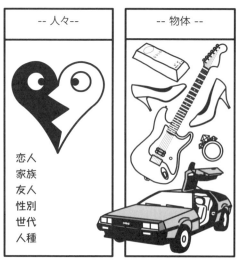

-- 物体 --

-- 物質 --

-- 活動 --

― イデオロギー、聖地など、**特別な**属性をもつものの数々 ―

同じことが「特別な憎悪の関係」についても言える。特定の人々、物体、物質、活動、場所、イデオロギーなどには、有罪性がつきまとうので、攻撃に値すると、人々は信じるのだ。

汚染を防ごう
戦争反対
資本主義の豚どもを倒せ
移民を増やすな
意識の変容を禁止しろ
わいせつ禁止

これらはみんな、差別的で批判的、中毒的で、変化するものだ。

特別な愛も特別な憎悪もどちらも**有罪性**によって動機づけられている。

心理学的な「心のルール」によれば、「自分とは違う存在」と知覚している相手を愛することは不可能である。なぜなら、その相手が自分と違うのなら、その相手は自分がもっていないものを持っていることになるからだ。

「自我から聞いたんだけど、僕は**不完全**なんだって。それで、君という特別な存在が僕を完全にしてくれるそうなんだ。」

だから、差異というものを認識する行為だけで、真の愛が不可能になってしまうんだ。真の愛は、究極的には非二元的なものだからだ。つまり、自己愛という意味だ。そしてもし自分に何かが欠けてると思っているのなら、自分を愛することなんかできっこない。だって、それは必然的に二元性を意味するので、「自分は肉体だ」という信念に基づいているからだ。愛は妥協しない。特別な愛だけが妥協するんだ。

したがって、特別な愛の関係は実は愛ではない。憎悪にかかった薄いベールである。共食いのようなものである。完成を試みてもうまくいかないこの狂った特別な関係を使って、僕らは、自分から相手が盗んだと（無意識のレベルで）信じているものを、相手から盗み返してやろうと思っているのだ。

そして、もう盗めるものは何もなくなったと感じたら、僕らは次の獲物へと進む。生贄を一つ完了したからだ。

もともと、これと同じ精神力動が、この夢の宇宙を生じさせたのだ。分離という考えを抱いた僕らは、「神が僕らとは違う存在であり、僕らが持っていない何かをもっている」と考えた。その欠乏を補うために、僕らは、自分に欠けていると感じられたものを神から盗みだそうとしたのだ。

真の愛は内容であって、形態ではない。ゆえに、特別な愛は形態のみの儀式である。特別な愛の背後にある闇に隠された内容は、このような「神への生贄」である。それゆえに、僕らは形態のために自らの真の自己を犠牲にするのだ。バレンタインデー・カードの中にそう記されることはないが、特別な愛は実際には、死の舞踏なのである。

この宇宙の中では、物質レベルでの「特別な関係」は避けられないんだ。原子の結合でさえ特別な関係なんだから。

人間として、僕らは、「両親」と呼ばれる特別な人々を通して、特別な家族の中の特別な肉体の中に生まれる。

そして特別な政府の統治下の特別な時代に、特別な文化の中の特別な地域で育ち、生活する。

西暦21世紀のアメリカ ― 脳死した消費者文化、コーポラティズム的な政府

僕らは特別な言語を話し、特別な食べ物を食し、毎日毎日、さまざまな特別な人々を相手に過ごしている。

アメリカ中西部訛りの英語、アメリカ料理・・・

そうして、いつか僕たちは死ぬ。

だけど、死んだ後も、僕たちは同じ「特別な関係」を別の状況と別な肉体と別な時空の中で何度も何度も繰り返すために、地上に戻ってくるんだ。

被害者／加害者ゲームは、この夢の中のあらゆるレベルで繰り返されている。細胞レベルから、動物レベル。そして国家レベル。銀河系レベル。植物レベル。このすべてにおいて、常に存在する二元性の決闘が繰り広げられているのだ。

表向きは平和のように見えるものが、葛藤を覆い隠している。

おい、お前、なんでいつも俺の貯えを盗むんだよ？

これでは、生活環どころか、罪悪感の悪循環である。

いついかなる瞬間でも、もし尋ねられたら、ほとんどの人が罪悪感など感じていないと言うだろう。

あたし、罪悪感なんて感じてないよ。でも、これが嫌いだし、それも嫌いだし、あれなんか大嫌い。

そう言えるようにすることが、投影により作り出されたこの夢の宇宙の背後にある意図である。これにより、罪悪感を他人に投影することが可能になり、罪悪感が無意識の領域にとどめておかれるのだ。僕らは、罪悪感と闇を、自分の中以外のあらゆるところに見るのが大好きなのである。

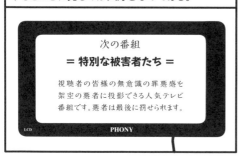

だが、投影しても、まだ人は罪悪感を感じる。しかし、ほとんどの場合、それを何か別な名前で呼んでいるのだ。

なぜなら、罪悪感の投影とは、リサイクルのプロセスだからだ。この夢の中には、究極的には君自身ではない人間は一人もいない。

換言すれば、他人を見る通りに、君は自分自身を見るのだ。

メッセージは自分自身に送られることになると理解したなら、憎悪と攻撃のメッセージを誰かに送りたいなどと思うだろうか？(11)

自我のゲームでは誰も勝つことがない。だから、騙されてはいけない。自我のゲームは二元性のゲームなのだ。

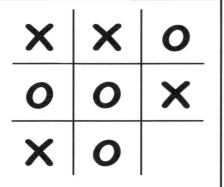

もちろん、少しの間だけ運がよくなることはある。主観的な基準によってイケメンと見なされたり、満足できる「特別な愛の関係」に囲まれて裕福でいられたり、優秀だったり、強運だったりして、罪悪感など感じないかもしれない。

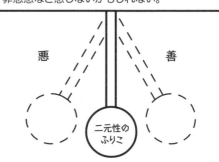

しかし、少し時間が経てば、いずれ振り子は反対の方向に動き出す。この人生の中でそれが起こらなくても、来世ではそうなるだろう。それが二元性というものだ。善とか悪とか呼ばれるものは、単に、同じコインの裏表なのである。

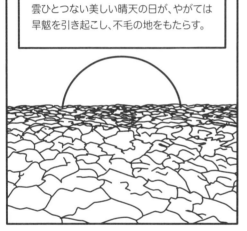

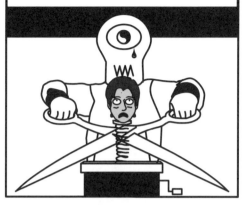

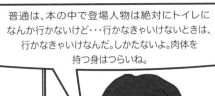

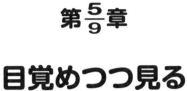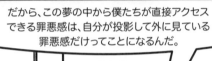

―― 自分の目の前に現れるすべての罪悪感の投影を、**赦す**ことだ。

それだけである。**赦し**が、罪悪感の解毒剤なのだ。赦しは罪悪感を溶かしてしまう。

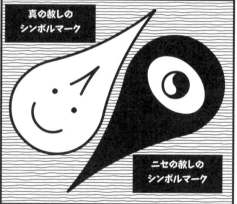
しかしながら、真に赦すためには、真に赦す方法を知らなければならない。

真の赦しのシンボルマーク

ニセの赦しのシンボルマーク

すべての赦しが同じなのではない。自我と聖霊はそれぞれに独自の「赦し」の**ブランド**を持っている。

自我の赦しは**ニセ**の赦しである。それは、人々を有罪のまま眠らせておく。それは、**破壊するための赦し**だ。

平安への障害 (1)

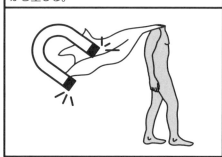

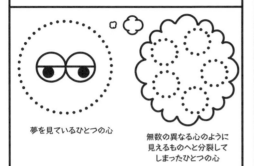

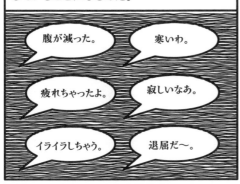

訳注:「インターセプト」とは、アメリカンフットボールで、オフェンス側のパスをディフェンス側が横取りして攻守交替を可能にするプレー

反射的に裁いてしまう習慣を、ただ**インターセプト**すべきだってことさ。そして、聖霊を選び、よく見て赦すことだ。そうすれば、君の心の中の罪悪感を取り除くことについては、聖霊が取り計らってくれるんだ。

聖霊とは、正しい心のシンボルだ。そして正しい心とは、僕らの真の自己だ。聖霊というシンボルは、正しい心の他のシンボルと互換的に使用することができる。たとえば、イエス、仏陀、守護天使、最も高いレベルの自分など、いろいろあり得る。

僕らはみな、正しい心の中でひとつである。だから、正しい心のシンボルはどれもみな同じ内容を保持している限り同じものなのだ。もし君が、そのシンボルのうちのどれかと相性が悪いなら、それを赦さなければいけない。

聖霊を頼りにするということは、君の真の自己を思い出すことだ。そして、それが目覚めるためには不可欠なことなんだ。

宗教によって作り上げられたキャラクターは本当の私ではない。そのようなイメージの私を赦してほしい。

これは君ひとりで出来ることではない。そもそも、ひとりでやろうとしたからこそ、この夢が始まったのだ。それが自我のやり方だ。

赦しに熟達するには、君の習慣を、常に自我に頼ることから、常に聖霊に頼ることへと入れ替えなければならない。

赦しがうまくなってきたとわかるのは、夜眠っているときに見る夢の中でも、聖霊に頼って赦すようになってくるときだ。夜見る夢も、心理的には、昼間目覚めているときの夢と同じなのだ。

夜眠っているときに見る夢は、心理的には、この宇宙という夢と同じだということに留意すること。どちらも、実相とは違う願望の充足への試みである。これら二つの種類の夢の唯一の相違は、夜眠っているときに見る夢は、個別化されているので、ルールが厳しくないということだけだ。

そして、もし夜見る夢の中でも赦すことを覚えていられるようになったら、死ぬときでさえ赦すことを覚えていられるようになるだろう。

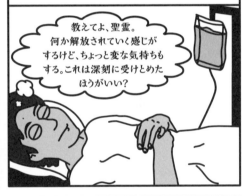

目覚めることは、死ぬこととはなんの関係もない。だから、もし自分の無意識の罪悪感のすべてが溶け去る前に死ぬことになったとしたら、また生まれ変わってくることになる。

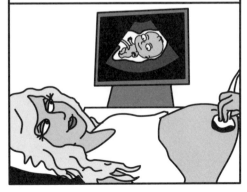

人が死んだら、しばしの間、肉体から自由になる。これが、臨死体験をした人々が報告していることだ。

しかし、罪悪感を懐いている心は、肉体を必要としている。だから、ほとんどの心たちは、ほんのわずかな期間しか肉体から自由でいることができないのだ。なぜなら、肉体は、無意識の罪悪感から逃れるための隠れ家だからである。

今の人生で、真の赦しを実践しているなら、次の人生で、夢の肉体の中に生まれてくるときには、赦すことが自然に感じられるようになっているだろう。

ということは、言わば、心の中の決断をする部分が、自然にもっと聖霊の方に同調しているということだ。

そして、この人生で学んだことについての内在的記憶を保持したまま生まれてくることになる。

君の頭脳は、実際には何も知ることも思い出すこともしない。それは単に、夢の中のロボット的な側面の一つであり、その側面が、時空という利己的で直線的な自我の概念に記憶を限定しておくのを助けているのである。

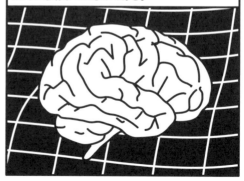

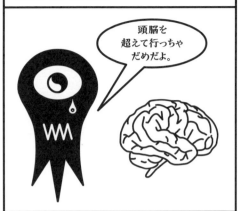

映画「カサブランカ」のリック・ブレインに扮するアレックス

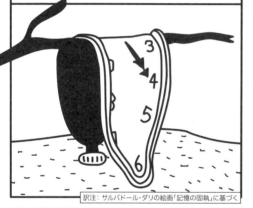

そしていつの日か、君は自分の内側を見て、そこに何の欠乏も見ないでいられるようになる。

僕は、無限の愛の蓄えで満たされているんだなあ。

そうなった時、君は、君自身と同じように全一な他者とつながることにより、自分の全一性を延長させることができるようになる。肉体を超えて見ることができるようになるので、自他の相違は目に入らなくなる。それゆえに、他者から獲得したいと思うものは何もない。(3)

それゆえに、赦しを通して、君の特別な関係は、いつか、神聖な関係へと変化する。

神聖な愛の
シンボルマーク

これを別な言葉で言えば、もし特別な関係を赦しという神聖な目的のために使うなら、そうした関係は神聖な関係となり、真の愛を招きいれることになるのである。

あたし、ボーイフレンドはいろけど、それはあなたなんかじゃないわよ。

この世界の特別な愛は、真の愛とは似ても似つかないものである。

僕は、君が僕の期待に応えてくれる間だけしか、君を愛さないからね。

真の愛はすべてを包み込み、揺らぐことのない喜びに満ちているが、そのような愛とは異なり、特別な愛は、非常に限られており、主観的に正しいと思える条件が満たされているときのみ喜びに満ちているように見える。

お化けのキャスパーに扮するアレックス（キャスパー⒞ハービー・エンタテインメント）

結局のところ、この夢全体が、それ自体で、赦しを必要としている記憶なのだ。すでに過ぎ去った過去の人々や物事の記憶や記録を振り返るのと同じように、僕らはこの夢を回顧しているのだ。

辛い思い出とは、赦していない記憶のことである。そして、どの記憶もすべて、僕らが神から分離したように見えたときの、あの**「恐怖の時間が愛の座を奪った」**(5)かに見えたときの**原初の記憶**を呼びさます。

そういう意味では、この夢は、僕たちが、ずっと遊び続けたいと思っている自作のビデオゲームのようなものだ。

実相においては、分離はすでに終わっている。それはすでに訂正されている。

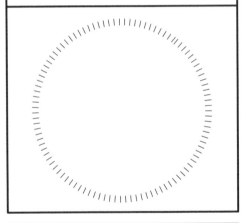

しかしながら、僕らはそれをこの夢の中で**再び体験する**ことによって、その記憶を活性化し、実在するかに見せておくことを選んでいる。自我によれば、それが分離の実在性の証拠となっているのだ。

試しに、この夢の中のすべての恐怖について、思い出せる限り、考えてみるっていう遊びをやってみてごらん。怖ければ怖いほどよい。

例えば、次のように言ってみよう：

僕は、＿＿＿＿＿となることを、恐れている。(6)
（空白を埋める）

ポジティブとネガティブを区別するということは、**価値判断**であり、そこでは、ある幻想は良いもので、ある幻想は悪いものと見なされている。

真理においては、幻想は、良くも悪くもない。幻想は無だ。聖霊にとっては、この夢の宇宙はニュートラルなんだ。

いわゆる「ネガティブ」と呼ばれているものは、赦して、消去すべきものだ。いわゆる「ポジティブ」と呼ばれるものによって、ただ抑圧しようとしてはいけない。

ということは、誰かが君に、「君は何て頭がよくて美人なんだろう」と言ったとしても、それは、「君は何てバカでブスなんだろう」と言ったのと同じということになる。ほめ言葉も侮辱も、等しく**無意味**である。それらは、主観的な価値判断であり、常に身体的特徴や性格などといった幻想に言及する。それらはみな、自我がしかけた罠にすぎない。**霊**である真の君は、褒められることもけなされることも不可能な存在だ。なぜなら、完全無欠で、二元性を超越しているからだ。

この夢の中で君が考えることのできる唯一の真にポジティブな思考は、「この夢は実在していない」ということだけだ。

実在するものは脅かされない。実在しないものは存在しない。(8)

それ以外の考えはすべて、厳密に言って、二元的だから、幻想なのさ。

君は天才！

愛してるわ。

おまえはバカだ。

あんたなんか大っ嫌い。

ふ〜ん。

君の絵、最高だよ。

君って、すごいなぁ〜。

そのTシャツ、カッコいいね。

おまえは最低だよ。

そのTシャツはダサすぎる。

ステキな髪形ね。

すっごくハンサムね。

その髪形はホモっぽい。

わたし、あなたのルックスに、ぜ〜んぜん魅力感じないの。

僕、君の絵が理解できないよ。

神は**原爆**を創造しなかったのだから、それらは実在していない。

神は**交通事故**を創造しなかったのだから、それらは実在していない。

神は**地震**を創造しなかったのだから、それらは実在していない。

神は、癌などの**病気**を創造しなかったのだから、それらは実在していない。

神は、この移り変わる世界の中の、こうしたもののどれも創造していないんだ。この世界の中の**良い**ことと思われている物事も含めて、だ。

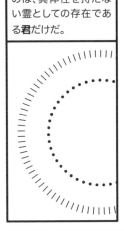
神が創造した唯一のものは、具体性を持たない霊としての存在である**君**だけだ。

そういう意味では、「神は、この世界で君が見るものごとすべての中にいる」と言うことはできる。なぜなら、神は君の心の中に居るからである。

もし君が、神のことを「赦し」と捉えるなら、この宇宙は君にとって実在性をもたなくなる。

もし君が、神のことを「処罰する存在」と捉えるなら、この宇宙は君にとって実在するものとなる。

心の中から罪悪感を除去しよう。そうすれば、神や君自身やこの世界に対する歪曲された二元的な概念を手放すことになるよ。

すべての恐れは神への恐れだ。それは、「神聖な愛」の否定である。恐ろしい考えは、それらがこの夢の中で表現されようと、されまいと、単に、実在していないというだけのことだ。

自我は、恐れを最小限に縮小しようとしているが、それを取り消そうとはしない。恐れは、自我のゲームにとって必要不可欠なものである。それは、自我のゲームにとって肉体が不可欠であるのと同じだ。

縮小された恐れの表れ方の事例:
わざとらしい親切さ
懐疑的であること
わざと陽気にふるまうこと
よそよそしいこと
感情的に浅薄であること
冷淡であること
無関心であること
自暴自棄になっていること　　(9)

ほとんどの恐れの想念は、肉体にまつわるものである。それは、肉体とは、「自分は傷つくことができる存在だ」と君に思わせるために自我が用いる策略に他ならないからである。

しかし、実際には、君は肉体ではない。君は自由だ。今も神が創造したままの君なんだから。(10)

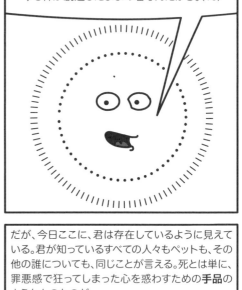

君が死んだように見えたことは、幾度となくある。君が知っているすべての人々も、犬や猫などのペットやその他の誰でも、同じだ。

だが、今日ここに、君は存在しているように見えている。君が知っているすべての人々もペットも、その他の誰についても、同じことが言える。死とは単に、罪悪感で狂ってしまった心を惑わすための**手品**のようなものなのだ。

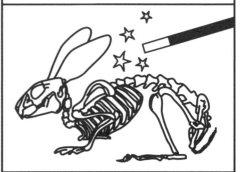

罪悪感にさいなまれている**狂った**心は、死を恐れていると同時に死に惹かれてもいる。なぜなら、死を信じることにより、**狂気**が証明されるからである。死は、罪から生じた忘却という処罰と考えられている。それは、自己の消滅を通して罪悪感から逃れることを可能にする罪滅ぼしの一種と見なされる。

真理においては、君も僕も、他の誰でも、不滅の一なる霊なのであり、心とは、その霊の創造的要素である。この夢からは、「死によって去るのではなく、真理によって去る」(11)のである。

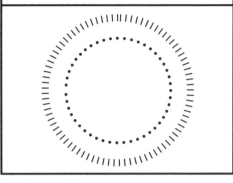

このボクが、心配するはずないでしょ。

訳注：ユーモア雑誌「マッド」のパロディー

君の肉体は、その時がくれば、死ぬように見えるよね。それから、君が知っている人たちみんなの肉体も、同じだね。

しかし、そのことは重要ではない。なぜなら、君の人生は一回だけでなく、必要なだけ何回でも生まれ変わってこられるからだ。

地獄の夢の中にもっと長くとどまりたいのなら、自我の導きに従えばいい。そうすれば、両極の間を揺れ続ける狂った時間を過ごすことになる。それは、野心的に探求を続けつつも真に何も見つけることができないという罪悪感にまみれた時間である。

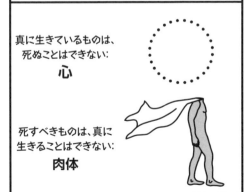

真に生きているものは、死ぬことはできない：
心

死すべきものは、真に生きることはできない：
肉体

実在していないものが破壊されても、それについて「怒ることは正当化できない」(12)

イシュアにとっては、十字架刑は何でもないことだった、ってことだ。彼にとって、それは**痛くも痒くもなかった**。だって、彼の心には**罪悪感がなくなっていて**、罪悪感のない心が苦しむことは不可能だからだ。

彼はこんな感じだった。

ああ、これが今日の脚本に書いてあることか。

まあ何でもいいけど‥‥‥ただの最後の無益な旅ってことだな。

十字架刑を通して、イシュアは**愛**だけを教えた。それが彼の本性だったし、これからも常にそうであり続けるから。(13)

十字架刑は、**平安**への呼びかけ以外の何ものでもなかった。

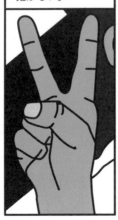

真の愛は、不満を抱かない。

「愛によって愛と同じに創造されたあなたは、不満を抱くことはできず、あなたの**自己**を知っている。」(14)

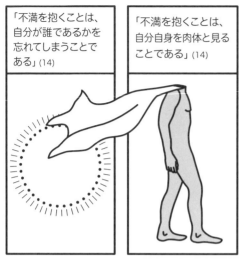

「不満を抱くことは、自分が誰であるかを忘れてしまうことである」(14)

「不満を抱くことは、自分自身を肉体と見ることである」(14)

「不満を抱くことは、自我があなたの心を支配するままにし、肉体を死すべきものと運命づけることである」(14)

不満を抱くことは、「あなたを自分の源である神から切り離し、神とは異質のものにしてしまうかに見える」(14)

不満を抱くことで、「あなたは神のことも、今のあなたが自分自身だと思い込んでいるものと同じような存在だと信じるようになる。なぜなら、誰も自分の創造主を自分自身とは異質の存在として思い描くことはできないからである」(14)

だから、「憎悪の夢を見ながら、神を恐れずにいられる者はいない」(12)ってことになるんだ。そうした狂気に対する解毒剤となるのが、赦しだ。だって、本当に赦した人は不満を抱かないので、本当に愛することができるからだ。

感情には二種類しかない。**恐れ**と**愛**だけだ。

愛の表現でないものは何でも、愛を呼び求める声なんだ。つまり、恐れの表現は、愛を呼び求める声にすぎない、ってことだ。(15)

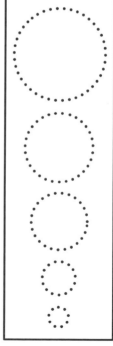

広い視野から見れば、「罪のない被害者」という言葉は**矛盾**している。

こんなこと、まに受けちゃいけないよ。いいかい？

自我の導きに**ロボットのように**従う者たちは、被害者と加害者が演じ続ける脚本の中を、繰り返し通り過ぎていく。

被害者と加害者との間には常に秘密の合意があるが、それは無意識の中に埋められている。

それが、**カルマ**と呼ばれているものだ。循環する罪悪感は、また戻ってくる。それはすべて、分離が実際に起こったように見せておきたいという願望なのだ。

だから、何を無罪と見なすかについては、選択的にならないほうがいい。すべての咎めは、自分を咎めているのだ。

悪いのは君だ。

もし君が、仔犬や子供たちなどといった特定のものだけを無垢と呼んで、殺人犯も含む大人たちのことは無垢と呼ばないなら、君は内容ではなく形態だけを見ることにより、自分を欺いているだけだ。

赤子は成長して、大量殺人者になることもある。

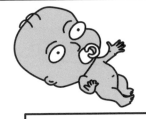

かわいい赤ちゃん
＝　愛の無垢なる表現

大量殺人者
＝　愛を求める無垢なる叫び

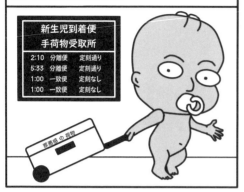

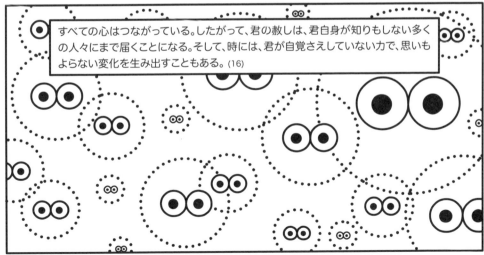

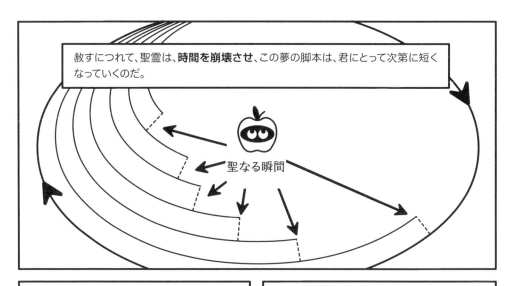

赦すにつれて、聖霊は、**時間を崩壊させ**、この夢の脚本は、君にとって次第に短くなっていくのだ。

聖なる瞬間

真に赦すことにより、君は、不幸や悲劇で脚色された自我のドラマの数千年分の時間を省くことになるんだ。

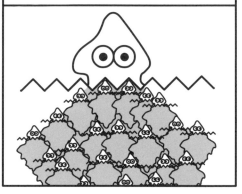

その理由は、君の心の中の罪悪感の断片のすべては、完全に赦されるまでは、何度でも浮上してくる運命にあるからだ。

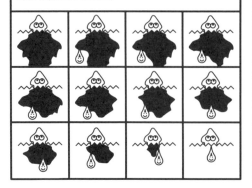

罪悪感の断片の一つが、完全に赦されたなら、それは消え去る。そして、聖霊は、その罪悪感が再び浮上したなら起こったであろう脚本のその部分を除去するのだ。

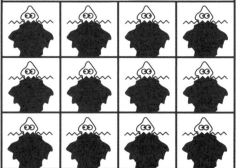

だから、何かを赦すことに抵抗を感じている自分に気付いたなら、ただ次のように自問すればいい。

「自分は、過去を繰り返したいだろうか？」

第 6/9 章
トータル・イモータル
（まったく不滅）

君は**まったく不滅**の存在なんだけど、自我は君に、まったく違うことを教える。

この世界は「罪悪感により狂ってしまった者たちによる妄想的体系」(1)なんだ。

「この世界をよく見なさい。そうすれば、その通りだとわかるだろう。なぜなら、世界は処罰の象徴であり、そこを統治しているかに見える法則はすべて、死の法則だからである」(1)

赤ん坊は、「痛みを通し、痛みの中で」(1)この世界に生まれてくるよね。

子供の成長にも苦しみがつきまとうし、みんな悲しみや分離や死について学んでいくよね。(1)

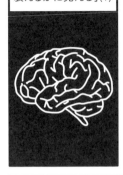

「心は頭脳の中に閉じ込められているかのようであり、頭脳の働きは、肉体が傷つけば衰えるかに見える」(1)

みんな互いに愛するように見えるときもあるけど、見捨てたり、見捨てられたりもするよね。(1)

それから、自分の愛するものが失われるように思えるときもある。でも、こんな考えは狂っているんだ。(1)

そして、誰の肉体もいつかは衰えて、息も絶え、地に埋められ、存在しなくなる。(1)

「これが**実相世界**であったなら、神はまさしく残酷である。救済の代価としてわが子をこのような目にあわせる父が、愛ある存在であるはずがないからである」(2)

「愛は救うために殺したりはしない。もしそのようなことがあったなら、攻撃が救済だということになるが、これは神による解釈ではなく、自我による解釈である。罪悪の世界のみがこのようなことを要求でき、罪悪感を抱く者のみが、そのようなことを思い描けるからである」(2)

この宇宙は、有罪性についての夢なんだ。だから、肉体の実在性を信じることが、「この夢の中で僕たちを迷子にさせたままにしておく」という自我のゴールにとっては、必要不可欠になるわけだ。

自我は、心と肉体について僕らを混乱させておきたいのだ。心の優位性を否定して、物質に魔術的な属性を付与することにより、物質が心を作っていると信じさせるのである。

よく「ボディ、マインド、スピリット（体、心、霊）」の間のバランスということを提唱する人々がいる。しかし、それは、この世界の中で迷子になったままでいたい場合に限り、役に立つゴールなのだ。

それは、「自我を改善すること」に似ている。確かに、自我としての自己という表層的なものを改善することには、夢の中ではいくらかの実用的な効用はある。しかし、それが、君が今すでに居るように見えている場所以外の所へ君を連れていくことにはならないのだ。

言わば、沈没しつつあるタイタニック号の甲板で、椅子の位置を座りやすいように並べ替えようとしているようなものだ。

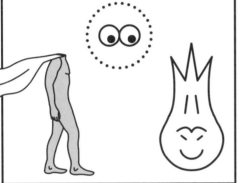

君が実際にやるべきことは、**心**を使って、肉体のかわりに**霊**を選ぶことである。

肉体とは自我の住む家であるから、肉体のかわりに霊を選ぶことにより、自我が**取り消される**のである。

「あああ、ボクは溶けてしまう！なんという世界だ、なんという世界なんだ！」

映画「アバター」のナヴィ人種に扮するアレックス

「誰も本当の意味で肉体の中に存在したことはないし、これからもないけど、この夢の中では、僕たちは、いろんな種類の肉体の中にいるかに見えたことがあるんだよ。

人間の形で現れる心は、人間の肉体をまとい続ける傾向がある。犬の形で現れる心は、犬の形で現れ続ける傾向がある。でも、それにもかかわらず、大きな視野から見れば、そのすべてが、同じ**ひとつ**の心なんだ。」

だから、今、自分が持っている肉体が特別なものだと思うなら、それは妄想だ。実は、人々は自分が憎んでいるものになって生まれ変わる傾向がある。それが、「被害者と加害者」の役割交替を通して、自我の脚本を持続させているのだ。だから、何を憎むかには気を付けたほうがいい。君自身がそれになってしまうかもしれないから。

大まかに言えば、自我は、僕たちに「自分は心ではなくて肉体だ」と思い込ませることによって、僕たちが罪悪感を抱いたまま、死を信じる者であり続けるようにしているんだ。

死の予行演習が、**病気**と呼ばれているものである。病気とは、自分自身の肉体に投影された罪悪感だ。

罪悪感を他人に投影しても、罪悪感を取り除くことにはならない。なぜなら、自我はその反対のことを主張しているとはいえ、実際には、「想念はその源を離れない」(3)からである。

なんらかの方法で、人々は罪悪感を自分自身にも投影している。そして、その自己へ投影された罪悪感は、お金の問題や人間関係の問題から、法律問題や健康の問題に至るまで、ありとあらゆる問題として現れる。

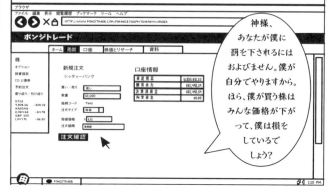

だが、形態はどうであれ、自分に投影された罪悪感でさえ、自我は、さらに、他者へ投影するために使ってしまう。

だから、例えば、病気になる人は、**犠牲を被った被害者**になれると同時に、病気を外的要因のせいにする機会をもつことができる。外的要因とは、ウィルス、遺伝、寄生虫、不運、怠慢など、いろいろである。

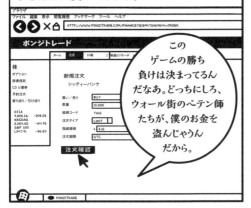

この ゲームの勝ち負けは決まってるんだなあ。どっちにしろ、ウォール街のペテン師たちが、僕のお金を盗んじゃうんだから。

きのう、あのいまいましい女が病気の子供を連れてきたりするから、風邪がうつっちゃったじゃないの！

そして、病気がたいていは外的なもののせいにされているように、治療法も外的なものとされている。そのためにあるのが、**医師や医薬品**だ。

でも、本当は、病気は心に属するものだし、治療もそうだ。病気とは、単に、罪悪感の症状だから、その治癒は**赦し**なんだ。

「肉体は**誤った考え**に応答しているときにのみ、誤った行動をとることが可能である。肉体は創造することはできない。それができるという信念が根本的な誤りであり、それがすべての肉体レベルの症状を生み出す」(4)

「この誤りは二つの形態をとり得る。心が肉体の中で誤った創造ができると信じるか、あるいは、肉体が心の中で誤った創造ができると信じるかのどちらかである」(4)

それが実際、イシュアが人々を癒せることを可能にした方法だったのだ。彼自身の罪なき心が、他者の中に**無垢性**を見ることができた。だから、彼は誰のことをも、実際に病んでいるとは見ていなかった。そして、すべての心はつながっているので、無垢性についての彼の認識の「おこぼれ」が、彼の患者にも伝わり、彼らにも有罪性ではなく無垢性を選択することを可能にしたのだ。

おまえの罪は赦されている。なぜなら、罪はありえないものだから。おまえは全一で無垢なる霊なのだ。

「**正気**の心は病など思いつくこともできない。なぜなら、人や物を攻撃することなど思いもつかないからである」(5)

理解されなくちゃいけないことは、僕たちみんな、みじめでいることを喜んでいるってことなんだ。だって、自分のみじめさは、他人の罪の証拠となるからね。それが、狂った心が考えることなんだ。

でもね、「病気は心から生じているのだから、真の医師は心だ」ということになるとはいえ、それがそのまま、「病気になっても医者にかかるべきじゃない」ってことにはならないからね。

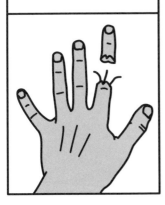

例えばの話だが、もし指が切り落とされたら、継ぎ合わせるべきだ。

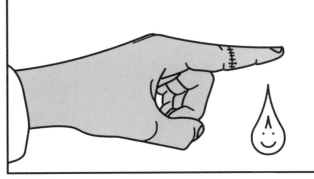

それが、この宇宙でのものごとの習わしだ。指を元に戻すことは、神からの分離のように見えるものを癒すことの象徴なのだ。赦しながら治療すれば、癒される。

「病気は数多くの形をとるが、赦そうとしない思いも同様である。一方が纏うさまざまな形態は、もう一方が纏うさまざまな形態を再現しているにすぎない。というのも、それらは同一の幻想だからである」(6)

「ある病気の形態を注意深く研究すれば、それに表象されている赦そうとしない思いの形態をきわめて明確に指摘できるだろう」(6)

「しかし、これがわかったとしても、治癒をもたらすことにはならない」(6)

「治癒は、ただ一つの認識によってのみ達成される。すなわち、赦しのみが赦そうとしない思いを癒し、赦そうとしない思いのみが、何らかの形の病気を引き起こすことができる、という認識である」(6)

だから、究極的には、物理的な治療法は、単なるプラセボにすぎない。だからこそ、プラセボ効果というものが存在するのだ。どうしようもなく唯物的な科学でさえ、プラセボ効果を否定することはできないのである。

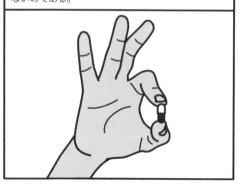

プラセボ効果とは、手品のトリックのようなものだ。それは、「心以外の何かが原因のレベルに存在し得る」と信じている自我の枠組みの中でも、なんとか赦しを口当たりの良いものにしておくのである。

赦しからの助けがなければ、物理的な治療は、単なる自我の薬剤となる。自我の薬剤は、一つの問題を解決するのに、別の問題を犠牲にする。それは罪悪感を根絶させずにただそれをたらい回しにするだけの、勝者のいないゲームだ。

聖霊の赦しのゲームでのみ、君は勝つことができる。

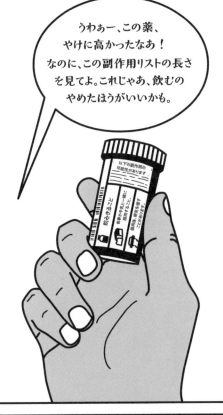

赦しは君から罪悪感を除去する。そして、罪悪感がなくなれば痛みがなくなる。その意味では、赦しは、絶対安心の健康保険のようなものだ。唯一の代価は自我であり、それは無である。

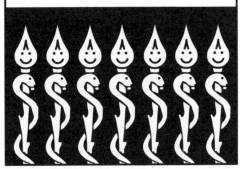

ほとんどの人は、一瞬のうちに大怪我が癒されたりしたら、気味が悪くて怖くなってしまうだろう。同様に、歩いたり車に乗ったりせずに、突然時空を超えて移動してしまったら、度肝を抜かれて恐ろしくなるだろう。

ほとんどの人々にとってそのようなことは起こらないほどに、自我はしっかりと主導権を握っている。そうしたことが起こるなら、自我の思考体系を劇的に倒壊させるので、神への恐れが、即刻、浮上してくることになる。

それと同じ理由で、喩えて言うなら「聖霊が世界に向かって、この宇宙はすべて夢なのだと宣言する」といったようなことは、これまでに起こったことがないのである。

皆さん、お知らせ致しま〜す！
空を見上げて、私の言うことを聞いてください。
この宇宙は夢なのです。

註： 病気が「自我を直視する手段」とされて、自我に対抗するために用いられている場合には、「突然、病気が治る」ということが、自我の目的に役立つことはある。

訳注： エドヴァルド・ムンクの絵画「叫び」に基づく

それから、文字通りの意味で、「心の中で自我の声とはっきり違う形で聖霊の声が聞こえる」という人がほとんどいないのも、同じ理由からなんだ。

ねえ！
ねえ！

常に、区別できるのは内容のみだ。

あいつらは
有罪だ。

誰にも
罪はない。

註： 自我が常に最初に語る。聖霊は単に、自我を訂正するだけのために語るのだ。

聖霊は、人々が受け入れる準備ができている形で現れるしかないってことさ。

したがって、聖霊は、ほとんどの人々に対しては、世俗的で希釈された形で現れるだけである。なぜなら、ほとんどの人々が受け入れる準備ができているのは、そうした形だけだからだ。

♪♪オール・ユー・ニード・イズ・ラブ。
必要なのは愛だけ。♪

訳注： ビートルズの歌

今、君が読んでいる本などは、もっと直接的な真理を服用する準備ができている人々のために、聖霊が使うものなのである。

この本の形態は、自我の許容範囲内にある通常の手段である。だが、その内容はそうではない。

この本は、**奇跡**への序論のようなものだ。

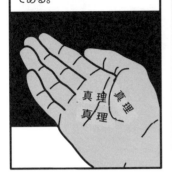

奇跡とは心に属するものである。それは**知覚の変化**のことであり、心を、結果のレベルから原因のレベルに移す。奇跡は、赦しを延長させるものだ。

もし君が、奇跡を望むなら、この世界を夢と捉えて、聖霊と共に真に赦すことだ。

奇跡とは、飛行機事故や心臓発作で死ななかった、といったことではない。

また、水の上を歩くといったことでもない。

奇跡とは、「飛行機事故も心臓発作も水も、神が創造したものではないから実在していない」という認識だ。奇跡とは、投影を白紙に戻すことなのだ。

飛行機事故で生き残ったり、心臓発作のあと助かったりすることも、たいしたことではない。何か一つのことを生き延びたとしても、また別の何かが起こるのは時間の問題なんだから。

肉体がいずれ死ぬということは、避けられないことだ。その死に方は千差万別であり、死亡年齢もさまざまだ。**形の上で**、霊的な死に方というようなものはない。

しかし、もし君が肉体をもってこの世界に生きる時間を赦しのために使うなら、君はいつか目覚めることになる。

それならば、君がいつどのようにして死ぬとしても、死とは、無を手放すだけの安らかで苦痛のないプロセスだということになるのだ。

肉体を、死と罪という狂った有罪性の概念を演じるために使うのは、もうおしまいってことになるんだ。

人生は**教室**だ。そこで君は、自我を教師に選んで、眠り続けるために学ぶか、あるいは、聖霊を教師に選んで、眠ったままでいるための学びを白紙に戻すか、どちらかである。

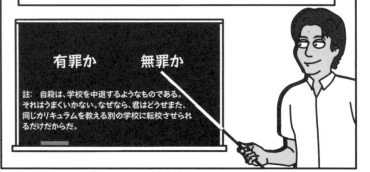

それゆえに、人生の目的とは、「もう一度、選び直す」(7)ことによって、もともとこの夢を起動させた**誤認による原初の選択**を取り消すことができるようになることだ。ということは、一方では、肉体の目的は、それ自体を不要なものにすることでもあるのだ。

自我は「君には１回の人生しかない」と信じ込ませようとしているが、それは事実ではない。君は、正しい心を選択して目覚めるために必要なだけ何回でも、人生を生きることができるのだ。

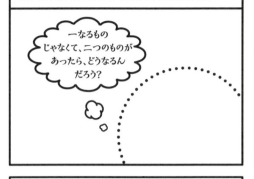

だから、急ぐことはないが、もし君が「幸せ」を探しているのなら、自分をごまかしてはいけない。常に、**今**という時が、目覚めるのに最適な時間だからだ。目覚めることが、究極の目的なのである。

「世界の征服」という「どこにも行き着かない自我のゲーム」に没頭している妄想的な人々を、これ以上増やすことは、世界にとって必要なことではない。そうしたゲームは、葛藤を生み出し、幻想を維持するだけだ。

もし来世で、貧しくて食べるものもろくに手に入らない環境に、身体障害をもって生まれてくることになるかもしれないとしたら、現世での世俗的な成功や容貌の美しさといったものごとは、何の役に立つだろう。

君がこの夢を信じるべきではない理由は、君の無意識の罪悪感を信じるべきではないからだ。だからこそ、君は今、真の赦しを通して自分の罪悪感を癒すことに励むべきなのだ。

子供番組「スポンジ・ボブ」のハンサム・イカルドに扮するアレックス

赦しは、真の幸せの追求だと言える。なぜなら、それは、目覚めることの追求だからだ。それは、神の追求であり、**真の愛の追求**でもある。

逆に言えば、神に満たないものの追求は何であれ、**ニセ**の幸せの追求だということになる。

息を吸うという行為も、それだけで、ニセの幸せの追求なんだ。だって、息をする理由は、「呼吸を**しないと**苦痛だし、いずれ肉体の死をもたらすから」ってことだからね。

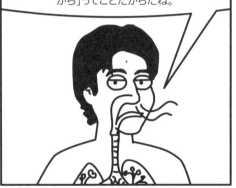

息ができなかったら、君は苦しくなって、死んでしまう。だから、息ができる間は、できないときに比べて、君は幸せだっていうことになるわけだ。

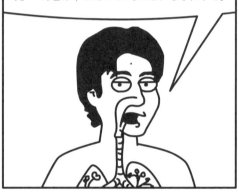

それが、自我が「幸せ」と呼ぶすべての形の背後にある基本的な力動だ。

―― そうした「幸せ」の形は、神からの分離のように見えるものから生じる惨めで罪悪感にまみれた貪欲な欠乏感から解放される、という望みに基づいている。

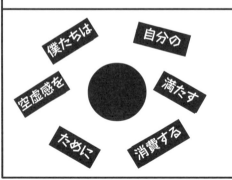

―― しかも、実際にその欠乏感そのものを癒すことはしない。

決して満たされない欠乏感は、僕たちが**食欲や欲求**と呼んでいるものとして現れる。食欲は、死への恐れから生じているんだ。つまり、無になることへの恐れだ。

食欲や欲求は、**獲得**のメカニズムだ。それは、自分を確認しなければならないという自我の必要を表している。そして、これと同じことは、食欲や欲求について言えると同時に、例えば、承認されたり、評価されたりするという、いわゆる**自我の高尚な必要**についても言うことができる。(8)

「肉体の欲望の起源は、物理的なものではない。自我は肉体を自らの家と見なし、肉体を通して自らを満足させようとする」(8)

「しかし、それが可能だという考えは、心による決断であり、心は、何が本当に可能なのかについて完全に混乱をきたしている」(8)

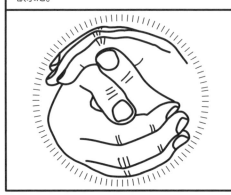

典型的な欲求の良い例が、性欲だ。性欲は、肉体レベルでのつながり合いにより、天国の一体性の創造的なつながり合いを模倣しようとしている欲求だ。

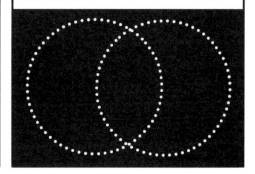

心のみがつながっている。そして、心のみが、真に創造することができる。肉体は分離の想念の表れであり、実際につながったり創造したりすることはできない。しかし、肉体は、さらに多くの個別の肉体を作り出すためにつながることはできる。

普通は、飲食、睡眠、呼吸が、この夢の中で肉体を維持するために必要であるのと同様に、新しい肉体たちを作り出すためにはセックスが必要である。

ヴィクター・ブラウナーの絵画に基づく

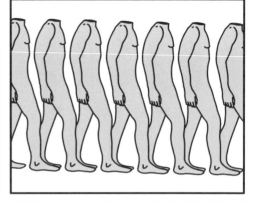

そして、人々が完全に赦すことに失敗している間は、彼らは生まれ変わるので、新しい肉体が必要である。

しかしながら、生殖のためのセックスは、ほとんどの場合、付け足しのようなものとなっている。たいていは性行為自体が中毒性の薬物のように追求されている。手段達成のための手段とされるのではなく、それ自体が目的とされてしまっている。

人々が性的なものによって達成しようとしているのは、「本当は欲しいけれども罪悪感のせいで恐れているもの」が逆転したものなのだ。本当に欲しいものとは、ひとつの全一な心として神のもとに帰ることだ。

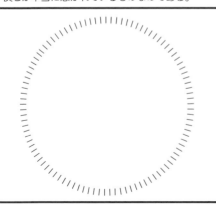

差異というものを超越している神、そして男性や女性といった二元性を超越している神こそが、僕らが本当に惹かれているものなのである。

僕たちが本当に求めているのは、神との創造的な一体性という法悦の境地なんだ。物体とのつかの間の遭遇なんかじゃない。

しかし、代替えとして、僕らは自分の心の中にファンタジーの世界を作り出し、肉体たちに想像上の力を付与して、誤った連想から快楽を得ようとする。(9)

したがって、性欲というものは心のゲームなのだ。生殖の機能をハイジャックして、特別な人の体や、体の部分やタイプ、状況などといったものに、勝手に考えた価値を割り当てるというゲームだ。

そして同じ力動は動物の心にも当てはまる。

人々は人間を相手にセックスをするのではなく、概念を相手にセックスをするのだ。だからこそ、人々は異性愛以外の性的な指向や、ありとあらゆる可変の嗜好をもつことができるのである。

そして、それと同じ理由で、人々は白昼夢や夜寝ている時に見る夢によっても、性的に興奮して、目を覚ましたときに物理的な結果が生じているということが、あり得るのである。

事実を言えば、誰かが妊娠しない限り、すべてのセックスは本質的に、単に頭の中での自己充足にすぎないよね。血のかよった肉体がいくつ関わっていても同じことだ。

外的刺激のように見えるものはすべて、任意の信念を通して見かけ上の力が与えられているプラセボなのである。

それでも、僕らは、互いを引き寄せたり、肉眼を魅了したりするために、この忌まわしきものを用いる。(10)

ねえ、私の送った写〆、気に入った？

そのようなことをするとき、私たちは、互いに**茨の冠**を差し出している。自分では肉体の正体を認識せず、相手がそれを受け入れることによってその価値についての自分の解釈を正当化しようとしている。(10)

「だが、そうした贈り物は依然として彼の無価値性をあなたに宣言するものである。なぜなら、彼がその贈り物を受け入れて喜ぶこと自体が、彼が自分自身に価値を置いていないことを確認させるからである」(10)

「真に与えられ受取られる贈り物は、肉体を通して作り出されるものではない。なぜなら、肉体には捧げることも受け入れることも、差し出すことも取り上げることもできないからである。心のみが価値を評価することができ、心のみが、何を受け取り何を与えるかを決定する」(10)

わーい、人生最高の誕生日だわ！

ハッピーバースデー！

「そして心が差し出す贈り物はどれもみな、その心自身が何を望んでいるかで決まる。心は自らの選んだ家をきわめて入念に飾りつけ、そこに来る者たちやそこに引き寄せたい者たちに、心自身が望んでいる贈り物を差し出すことで、その家がその贈り物を受け取れるよう準備を整える」(10)

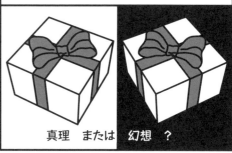

真理　または　幻想　？

「そして、彼らはそこで、彼らの心が彼らにふさわしいと**判断する**ものを差し出し、受け取り、贈り物を交換する」(10)

取扱注意: 天地無用
壊れ物

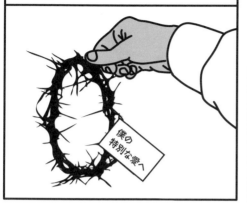

もし贈り物として肉体を差し出すだけなら、犠牲という狂ったゲームで茨の冠を差し出していることになる。

真の赦しという贈り物を差し出せば、霊と同一化することによって、君は**自由**になるのさ。

真の赦しという贈り物を差し出すことは、心のレベルですべての人々と真に愛し合うことなんだ。それは、罪悪感を取り消すことであり、それによって、天国の一体性という揺らぐことのない創造の喜びを取り戻すことなのだ。

グスタフ・クリムトの絵画に基づく

だから、そう考えれば、天国を**味わった**ことのある人にとって、禁欲は自然なことになるってことも、驚くにあたらないよね。真の禁欲っていうのは、心のレベルのことだから、天国を**味わえば**、すべてのものごとを正しく見ることができるようになるんだ。

だが、僕らは誰でも、自分が居ると思っている場所から始めなければならない。実在していると思えるものは、手放すことはできないし、しないだろう。そして、僕らが信じているものは何であれ、僕らにとっては実在している。

心ではなくて行動を変えることによって「覚醒ごっこ」をしようとする試みは、うまくいかない。それはただ葛藤を増殖するだけであり、肉体を実在するものと見なしてしまうことになる。

それが、多くの**宗教**やその他の社会的制度に見られる「性」に対する抑圧的態度の問題点である。

そしてまた、もう一方では、「性」に対する自由放任すぎる態度にも問題がある。そうした態度は、「性」を**称賛**し、それが覚醒の手段ででもあるかのように取り扱ったりする。

こうした態度はすべて同じだ。みんな、暗黙のうちに、肉体を実在するものと見なしていて、それによって、心に心を忘れさせてしまうんだ。

心の中にある罪悪感が、僕らを肉体に繋ぎ止めておくものであり、肉体が実在すると信じさせるものである。そして、その信念が、肉体を実在するように見せている。したがって、赦しが、僕らを解放するものなのである。

僕らが赦す必要のあるものは、元をたどせば、ほとんどいつも、肉体が実在するという信念の何らかの形である。

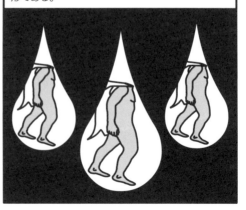

この夢は無であり、肉体も無である。目覚めるために手放すようにと僕らに求められているものは、無である。しかし、無が無であることを本当に認識したときでなければ、僕らがそれを手放すことはない。だから、君にとって無が「何ものか」である間は、その事実を否定してはいけない。それが、君がおこなう赦しの一部なのだ。

ただ霊である自分を忘れずにいて、君が行うすべてのことに聖霊を含めるようにしさえすればいい。そうすれば、君は、自分が行うすべてのことを、赦しのために使うようになるだろう。

♪♪
で〜も〜〜〜！
君は、本当は〜〜
ぼ〜く〜の　心の中に
い〜ろ〜〜　♪

♪♪　君の〜住〜む〜〜
こ〜の〜道〜は〜〜
か〜ぐ〜わし〜い〜花々〜の〜
香り〜〜！　僕は、すぐ〜〜〜
心〜の〜〜　外へ〜〜
出て〜し〜ま〜〜う〜　♪
（「君住む街角」の替え歌）

映画「マイ・フェア・レディ」のフレディに扮するアレックス

聖霊は、夢については、それが真実ではないと指摘すること以外は、何ら裁くことはない。だから、君には何も隠すべきことはない。

あなた自身とあなたの兄弟たちに対してあなたが起こした訴訟は、却下されました。夢は実在しません。

「聖霊は肉体の楽しみという希望を犠牲にすることを、あなたに要求しているのではない。肉体には楽しみの希望などないのである」(11)　肉体は何も**感じない**。心のみが感じるのである。

本物の赦しを実践し続けると、薬物中毒の依存プロセスを逆転させるのと同じようなことが起こるんだ。

完全な赦しが達成されるまでの間は、肉体によるさまざまな貧弱な追求もせざるをえないが、最後には、それらは超越されることになる。

赦して、一体性に帰るようにという、神からの愛ある呼びかけは、自我の罪悪感のプリズムによって歪曲されている。

肉体による貧弱な追求とは、「つながって赦そう」という衝動を、つかの間の物理的な何かへと変えてしまおうとして、自我が用いる欺きの手段である。

「全て」に満たないどんなものも、君を本当に満足させることはできないのさ。

だが、この夢は、もちろん、さげすむべきものなどではない。君が見ているどんな罪悪や不快感も、幻想の中にあるのではなく、君の心の中にあるのだ。だから、赦すことだ。

赦しのまなざしで、ありのままに見られたなら、この世界は素敵な「奇跡が起こっている世界」というふうにも見えるのだ。

だから、君の導き手である聖霊に頼ることだ。そして、奇跡に働いてもらおう。

このページを少なくとも20秒間、明るい照明で照らしながら、真ん中の点を凝視する。その後、無地の壁を見つめて、何度か瞬きをしてごらん

それは、ロブスターや、細胞や、原子による祈りの形でもある。	その次の祈りの段階では、欲求は、神への懇願という形で表れる。	それは、伝統的にいわゆる「祈り」として受け入れられてきた形の祈りだ。それは、理解を伴わない「神への祈り」である。

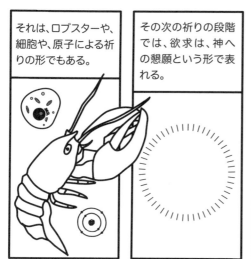

この夢の中のものごとについて神に願うっていうのは、この宇宙が本当に夢なのだってわかっている人には、意味をなさないよね。でも幸いに、神は狂っていないから、神はこの夢とは何のかかわりもないんだ。	それゆえに、何かを求めて祈ってみたことがある者なら誰でも、その祈りが叶わなかったように思える経験をしたことがあるが、それには、何の不思議もない。(3)

その理由は、僕らが本当に望んでいるもの、必要としているものとは、「物」ではないからだ。僕らが望んでいて必要としているのは本当は神なのだが、罪悪感により、僕らには神の代替えしか見えないようになっているのだ。	その意味では、この夢の内側からなされる「唯一の有意義な祈りは、赦しを求める祈りである」(4)「赦しは、祈りの同盟者である」(5)

| 赦しは、聖霊と共に行うものである。祈りにおいて聖霊とつながり、自分の投影を見るのだ。 | でもね、僕たちは、まず聖霊を赦さないと、本当に聖霊とつながることはできないんだ。これは、聖霊に相当するあらゆるシンボルについて言えることだ。特に、イエスについてそれが必要だ。 |

| 聖霊が赦されなければならないのではなく、僕らの方が、自らの赦しを必要としているのだ。 | 聖霊を赦すことは、聖霊が僕らから分離している存在ではないと認識することから始まる。実際には、聖霊とは、僕らが自我であるふりをしたときに忘れてしまった**本当の自分**なのだ。 |

| 覚えておくべきは、自分とは異なると知覚している相手を愛することは不可能だということだ。なぜなら、誰かが君とは異なるのなら、その人は君が持っていないものを持っているということになるからだ。 | それが、**特別な関係**の背後にある力動だ。それは、誰かが僕らから**盗んだ**と僕らが無意識に信じているものを、盗みかえすということだ。 |

だから、もし僕らが目覚めたいのなら、聖霊との間に特別な関係をもつべきではない。**神聖な関係**とすべきなのである。

神聖な関係は、**霊**、**対等性**、**一体性**を前提としている。非神聖で特別な関係は、肉体、差異、不完全性を前提としている。

君と聖霊との関係が神聖でなければ、それは特別だということになる。そして、君の特別な必要が自分の願っている通りに満たされないとき、君は聖霊との特別な関係を罪悪感の投影のために使ってしまうことは避けられない。

そもそも聖霊とつながることを学ぶ意義は、君が真に望んでいるものを取り戻すことにある。

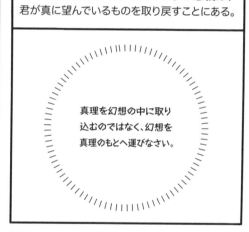

真理を幻想の中に取り込むのではなく、幻想を真理のもとへ運びなさい。

そして、君が真に望んでいるが恐れてもいるものは、神との一体性という完全な愛である。君は、この夢の世界の中で人々が不毛に求め続ける「自我によるみすぼらしい神の代替え」を望んでいるのではない。

「神に対する罪悪感に満ちた無意識の恐れ」こそが、人々が、物を求めて祈る理由なのだ。たとえば1億ドルを欲しがっている人は、もし1億ドル持っていたら、自分自身の天国の代替えを築くのに必要な資源にアクセスできると信じているからだ。

映画「夢のチョコレート工場」の一場面のもじり

しかし、天国は別の何かで代用することはできない。お金は、無罪性を購入できない。真の赦しのみに、それができるのだ。

この夢の世界の中で、物質的な豊かさや、幸せを絵に描いたような人生をなんとか見つけることができたとして、それがどのようなものであれ ーー

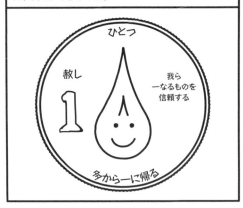

それは、心の中の内容を変えることにはならないんだ。また、それは永続するものでもない。結局のところ、物質的な豊かさは、自我のルールに従っているから、一人が獲得するためには他の一人が失わなければならないのさ。だから、罪悪感が維持されることは避けられない。考えてもごらん。もしみんなが一千万ドル持っていたとしたら、一千万ドルにはあまり価値がなくなるでしょ？

物質的な豊かさは、霊的な豊かさとはどんな相関関係もないよ。裕福であるほうが貧乏であるよりも、霊性が高いとか低いということはないのだ。

リッチー・リッチに扮するアレックス　リッチー・リッチ©ハービー・エンタテインメント

この夢の脚本はすでに書かれている。尋ねるべき唯一の質問はこれだ。「自分は、自我の長い脚本を望むだろうか、それとも、聖霊の短い脚本を望むだろうか？」

たとえば「一億ドルを手に入れる」といったようなことが、自分の夢の脚本のバリエーションに合致しないものだったなら、それは起こらない。脚本の中にそれがないからだ。

実際に脚本の中にあるものごとを求めて祈っているときだけ、この夢の中で、祈りが叶うように見えるんだよ。

厳密に言えば、僕たちはみんな霊能者のようなものだ。つまるところ、僕たちがこの宇宙の脚本をすでに書いてしまったわけだから。

しかしながら、僕らのほとんどは、サイキックな能力を**無意識**の領域にとどめておく。自我はびっくりさせられるのを好むのだ。とりわけ、不快な驚きが大好きだ。なぜなら、それらは、神から分離したように思えたときのことを思い出させるからだ。

あ〜〜！前方に、巨大な氷山あり〜！

サイキックな情報は、それが脚本に現れるように書かれてある場合には、そのようになる。だから、意識的にサイキック能力が使えるように見える人々でも、必ずしも、宝くじの当選番号を当てることができるとは限らないのだ。その場合、その情報は、脚本の中には出てこないからだ。

聖霊は、物理的なレベルではなく、**心のレベル**で、君に働きかける。

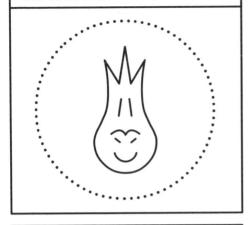

だから、もし君が、何かを求めて、それを受け取ったように見えるとしても、それには何の意味もない。事実は、ほとんどの願望は特別な愛の関係が様々な形として現れたものだということだ。そして、「特別な愛の関係は自我が**最も自慢とする贈り物**」(6)なのだ。

神が君の源だ。もし君が夢の世界の中のものごとが自分の源となることを期待するなら、君はいつかは欠乏と失敗に至る道筋を自分に設定したことになる。

「何であれこの世界の中にあるもので、良きもので価値があり獲得するための努力に値するとあなたが信じているものは、あなたを傷つけることができ、実際に傷つけるだろう」(7)

「それ自体に傷つける力があるからではなく、それが幻想にすぎないことをあなたが否定し、それを実在のものにしてしまったからに他ならない」(7)

幻想の源(**世俗的な偶像**)ではなく真の源(**神**)に頼ることによって、君は、愛からの助けにつながることができ、それにより、天国の家に帰るのに最も助けになるような脚本のバリエーションに従って進んでいけるようになる。

そして、故郷に帰るために役に立つ脚本が、ものごとが全般的に順調なものとなる脚本であることもしばしばある。その場合には、赦しのレッスンが、比較的柔和なものとなり、物質的なニーズはほどよく満たされていて、幻想ではなく神に充足感を求めるようになる。

この夏、全国の劇場で一斉公開!
映画「柔和な目覚め」

まず最初に神の国を求めれば、君が実際に夢から目覚めて、真の故郷に帰るのに必要なものは、すべて与えられる、ってことなんだ。

「したがって、真の祈りの秘訣とは、自分に必要だと思っているものごとについて忘れることにある。具体的なものを求めるということは、罪を見咎めておいて、それからそれを赦すのとよく似ている」(8)

罪は実在するけど、今は罰を与えないでおこう。

罪を実在すると見なす赦しは、ニセの赦しである。そして、具体的な欠乏を実在すると見なす祈りは、ニセの祈りだ。

君が必要だと思って欲しがっている具体的なものは、君の無意識の罪悪感の産物だ。それゆえに、広い視野から見れば、それらの願いが叶うことは、君にとっての最善の利益とはならないことが多い。

神様、私は幻想を望んでいます。過去が繰り返されることを望んでいます。

もし君が聖霊と共に赦しを実践しているなら、君は罪悪感を溶かしていくことになる。そして、罪悪感こそが、君に欠乏感を感じさせているものだし、恐れつつ天国の代替えを求めるようにと君を仕向けているものなんだ。それによって、この夢の世界に染みついた不快な死臭をかき消そうとしているんだよ。

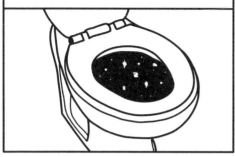

この宇宙は、ゴミ捨て場のようなものである。それは、神を破壊したと知覚されたことから生じた廃物のようなものだ。ガラクタを磨くことで時間を無駄にしてはならない。そんなことをして、仮に良い結果がでたとしても、一時的なものにすぎないし、君を決して満足させることはない。

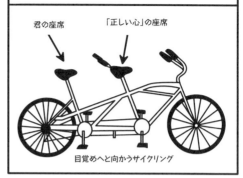

真に祈りたいのなら、君の行うすべてにおいて、聖霊に主導者の位置についてもらうことだ。ということは、君のすることのすべてにおいて、「正しい心」に主導権を握ってもらうということだ。

君の座席　「正しい心」の座席
目覚めへと向かうサイクリング

毎朝、少し時間をとって、次のように言うことで一日を始めるとよい。「聖霊、今日、私がやることのすべてにおいて、あなたが主導者になってください。」

♪♪ ボクは いつも こ〜んな 先〜生が ほ〜しかった〜〜

ボクの先生になってね〜♪

子供番組「ミスター・ロジャース」を真似るアレックス

訳注：ミスター・ロジャースの歌の替え歌

すべてのことを聖霊と共に決めるようにする限り、毎日が幸せな日々となると約束されている。(9) でも、実際には、もともと君は自分ひとりでは、決断なんてできないんだ。(10)

君は常に、自我か聖霊かどちらかの助けを借りて、決断している。そしてもし君がどちらと一緒に決断しているか確信がもてないなら、「今、自分はどんなふうに感じているだろう？」と自問してみればいいんだ。

聖霊に主導権を握ってもらうなら、君は、裁くことをやめるようになる。なぜなら、裁きは自我のゲームだからだ。裁きのかわりに、君は赦すようになるのだ。

平安 対 罪悪感

唯一の有効な価値判断は、真理と幻想との間で為されるものである。諸々の幻想を、善か悪かに分類しようとすることが、毎日が幸せな日とはならない理由である。

```
    幻想の順位
     通常の判断

   雨の日      ＝  悪い
   晴天の日    ＝  良い
   お金を紛失した ＝ 悪い
   お金を儲けた  ＝ 良い
   愛を求める要求 ＝ 悪い
   愛の表現    ＝ 良い
   同一性     ＝ 悪い
   特別性     ＝ 良い
```

聖霊に主導権を握ってもらうということは、神に再び主導権を握ってもらうことにもなる。それが、自我に依存した自己信頼にはつきものの罪悪感を消滅させることになる。

さらに、日々を聖霊にゆだねるというやり方を強化するには、毎日、数分の間、君の源である神とつながるために瞑想することもよいかもしれない。目を閉じて、静かに祈りの歌に浸ることだ。

神を、完全無欠ですべてを包含する光として想像し、その光の清らかで慰めに満ちた愛の中に浸るといい。

それをしながら、この夢の世界の中で君に必要だと思っているものごとや、これまで失ったものごとなど（たとえば、すでにこの世を去ったように見える特別な親しい人々など）について、考えてみよう。

そして、それらのものごとが、神の光の中に溶けて無くなってしまうままにしよう。それは次のように祈ることにも似ている。

神様、
私の望むものはすべて、分割されていないあなたという全体性の中にあります。全体のみが私を真に満足させてくれるのですから、私は虚無の破片を求めることはしません。

もしこのように祈ることを毎日おこなって、その言葉を本気で言っているなら、君の脚本の範囲で可能な形で、その祈りの歌のエコーが聖霊からのインスピレーションとして君に戻ってきて、君が幸せな学習者となるのを助けるだろう。

それが、単にガラクタを磨いて光らせるためではなく、君が本当に天国の故郷に帰るための助けになる秘訣だ。

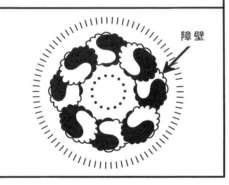

すべての欠乏は、神からの分離を信じることから生じている。したがって、すべての欠乏を満たすのは、「一なる愛を締め出すために築かれたすべての障壁の除去」ということになる。

君が空腹だったり、貪欲だったり、寒かったり、金欠だったり、疲れていたり、その他なんであっても、そのすべては、神だけが真に満たすことができる欠乏感なんだ。幻想にはそれを満たすことはできないのさ。

したがって、真の祈りの極意は次のようになる:

 毎日、聖霊に主導者となってもらうこと。

 一体性の代替えではなく、まず一体性そのもの（つまり、神）を求めること。

 そして、最も重要なのは、赦すこと。

練習を重ねれば完璧になる。もしこれらの3つのことを学ぶことができたなら、君は、無意味にこの夢を変化させようとするかわりに、この夢について自分の心を変えるようになるだろう。

そして、それが、君を故郷に帰す切符だ。

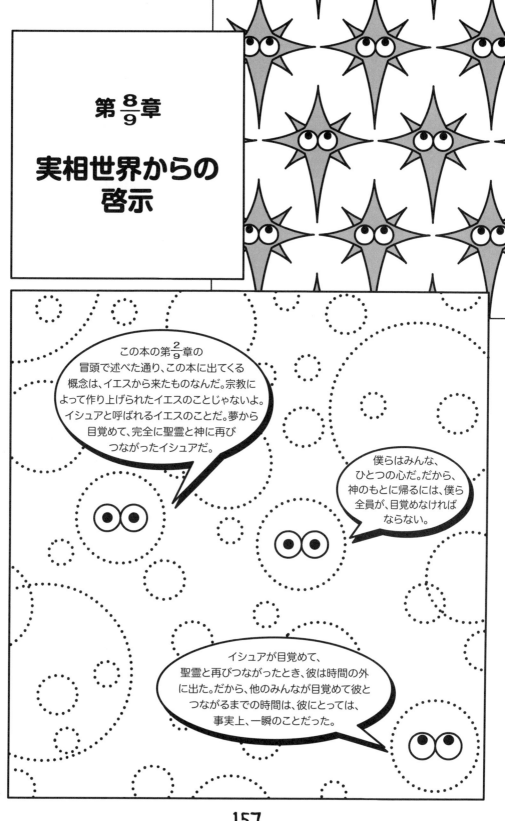

しかし、僕らが皆すでに時間の外では目覚めているといっても、今の僕らの視点からは、イシュアは今も僕らの心の中に共にいるように思える。同様に、一なる聖霊としての僕ら自身も、今の僕らにとっては、僕らと共に、心の中にいるように思えるのだ。

1965年に、ウィリアム・セットフォード博士（ニューヨーク市のコロンビア大学／長老派教会付属病院の臨床心理学科の責任者）が、突然、ヘレン・シャックマン博士という同僚の心理学者に、宣言した。二人の毎日の仕事に浸透していて、お互いへの態度や関わり方にまで及んでいた競争意識や攻撃や怒りには、もう嫌気がさした、と。セットフォードは、「何か別の生き方があるはずだ」と結論した。不和ではなく調和の中で生きる道があるはずだから、それを必ず見つけるつもりだと述べた。すると、意外なことに、ヘレンの方も、ぜひともその道を一緒に探したいと、熱心に申し出たのである。

その後すぐに、ヘレン・シャックマンは、自らを**イエス**と名のる**内なる声**を経験し始めた。

その後数年の間、ヘレンは、ウィリアム・セットフォードの助けを借りて、その内なる声の語る言葉を書きとり、それが『奇跡講座』という書物となった。

『奇跡講座』とは、約1200ページの独習コースであり、聖霊と共に考える方法と、最後には神へと目覚める方法を教えている。それは、事実上、イシュアが地上にいたときには書く機会に恵まれなかった本だとも言える。

もちろん、イエスから授けられたとされるチャネリングの文献は、他にもたくさんあるよね。

神から直接のメッセージを授かったとするチャネリング本さえもある。その中でよく知られているのは聖書だ。

しかしながら、そのすべてが正しいということはありえない。なぜなら、それらはしばしば矛盾することを述べているし、良くても平凡、悪くすると全く愚鈍とさえ言えるようなレベルの、霊性に関する無理解を示しているものもよくあるからだ。

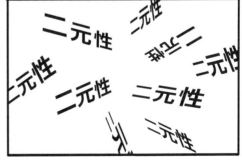

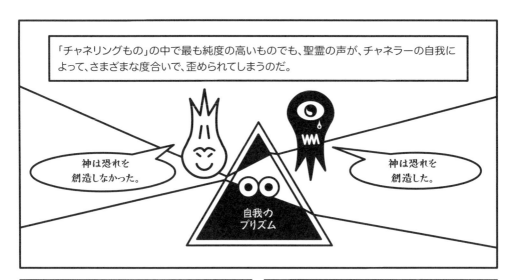

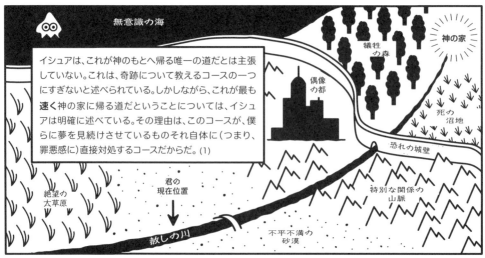

すべての道は神へと通ずる。脚本はすでに書かれてあり、夢の終わりは確かである。しかし、神に至る道のほとんどが、自我に迎合するので、それらの道は長く苦しいものとなるのだ。

イシュアは、『奇跡講座』というコースを提供するまで2000年待ったのだが、その理由は、西暦2000年代に突入する時期になってはじめて、人類の歴史の中で、甚だしい歪曲なく、このコースが人々に広く伝えられる望みが生じたからだ。

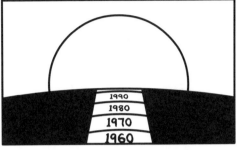

現代は、過去のどの時代と比べても、最も多くの人々が識字能力をもっている。情報の伝達はかつてなかったほど容易になっている。そして、心や宇宙についての人々の理解は、全般的に、かつてなかったほどに洗練されてきている。しかしながら、それらの進歩のすべてを、聖霊は『奇跡講座』をもたらすために使ったとは言っても ——

—— 自我は、同じ進歩を使って、核兵器を作り出したり、メディアに煽られて物品崇拝に耽る消費者の唯物的社会をも作り出してきた。

それが、二元性というものだ。聖霊の正気を強めるために使うことのできるものは、自我の狂気を強めるために使うこともできるのだ。

インターネット上の『奇跡講座』関連のやりとりを詳しく見てみるなら、『奇跡講座』を歪曲してしまう自我の狂気の実例をたくさん見つけることができる。しかし、分裂させ、歪曲することこそが、自我の行うことなのだ。だから、赦せばいい。

ブラウザー

ファイル　編集　表示　履歴　ブックマーク　ツール　ヘルプ

  ✕ ⌂ HTTP://WWW.NONSEQUITURBABBLEBOARD.COM/BOARD

「無理な推論」雑談　掲示板

ホーム　掲示板　アカウント

エバ47	あのコースを筆記した女性は、哀れな無神論者だったらしい。だから、本物なわけないよな。
ビル殺し	そうだよなあ。まったく妥協のない赦しなんてものを教えてるようなコースは、サタンの仕業以外にありえないよ。
パラノイア66	それに、ビル・セットフォードって、CIAのために働いてたことがあるってことも、怪しいな。
燃える無神論者	ここのみんなはバカだなあ。神もイエスもいないし、スパゲッティ・モンスターもいないんだよ。これについては、確信をもって言えるよ。だって、神秘体験なんて、僕には一度も起こったことないし、合理主義で唯物主義の僕の先輩たちにも、そんな体験はないからね。
アニス	自我の取り消しなんて、洗脳だよ。俺は世界で主流の考え方をしてるから、洗脳されてるなんてことはありえないけどね。

雑談掲示板　　　　　　　　　　　7:25 PM

原則として、インターネット上の論争には巻き込まれないほうがいい。とりわけ、『奇跡講座』に関する論争の場合は、それが言える。インターネットでは、人々はたいてい匿名で語り、ただの書かれた言葉としてしか存在していないので、それが、無意識の罪悪感の投影のため肥沃な土壌を提供している。君が目指すべきものは、**赦しの達人**になることであって、**論争の達人**になることではない。

夢はすべて象徴的なものであるから、「言葉は象徴の象徴にすぎず、実相からは二重に隔てられている」。(2)

言葉というものは、それがコミュニケーションを助けると同時に限定もするという意味で、典型的な自我の道具である。だからこそ、この世界にはこんなにもたくさんの言語と喋り方が存在するのである。そしてまた同じ理由で、言葉はネガティブな感情を表現して、葛藤を煽り立てるために使われることも可能なのである。

『奇跡講座』自体が言葉を用いているが、言葉は象徴であり、『奇跡講座』にも、象徴を超えたところにあるものを表現することはできない。「このコースは、それが必要とされている場である自我の枠内にとどまる」(3)と述べられている通りだ。

また、『奇跡講座』は、詩的な言葉で書かれている。その多くは弱強五歩格で、行末が韻を踏まない「無韻詩」という、シェークスピアがよく使った詩形が使われている。このコースの詩的な言葉の使用が、それを文学的で詩歌のようにしているだけでなく、それはまた、この作品を時代を超越したものにしている。

同じ理由で、このコースには、伝統的なユダヤ教とキリスト教の言葉が使われている。けれども、それらの言葉を定義しなおしている。

これから数百年後、あるいは数千年後でも、人々は聖書を読んでいるだろうし、シェークスピアも読んでいるだろう。だから、『奇跡講座』は、そのように時代を超越した言葉遣いを使っているんだ。

神
発音： ゴッド
品詞： 名詞

1. 従来の定義： 力、英知、善意において、完全無欠な存在。それにもかかわらず、この宇宙の創造者にして支配者であるということになっている。

2. 『奇跡講座』による定義： 第一原因であり、その結果はキリスト。その実相は、純粋な一体性である。

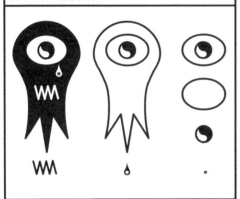

本当に聖霊の思考体系を教えるには、君は自分の導き手として本当に聖霊を選ばなければならない。そうしなければ、君はどうしても自我のカリキュラムを教えてしまうことになる。君が行うことは、君が考えることの結果なのだ。

誰も、『奇跡講座』自体を教える必要はない。それは『奇跡講座』自体がしていることだからだ。しかし、まず最初に充分な手ほどきを受けないと、このコースは手に負えないものともなりえる。

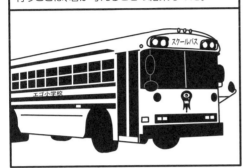

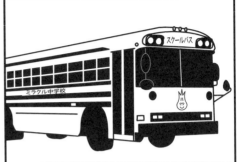

僕自身が『奇跡講座』の手ほどきを受けたのは、『宇宙の消滅』*という題の本を通してだった。

*訳注： 既刊の邦訳名は「神の使者」

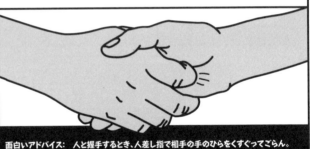

面白いアドバイス： 人と握手するとき、人差し指で相手の手のひらをくすぐってごらん。これは、カトリック教会のミサで平和の挨拶をするときに使うと、特に面白いよ。

僕は、カトリックの学校に通ったので、高校に入った頃までには、キリスト教や宗教全般について、経験者の立場から、こうしたものは自分には意味をなさないということが、よくわかっていた。

カトリック教会の神秘的な側面や美術史的側面は、他の宗教（特に、根本主義派のキリスト教）よりも、僕にとっては魅力があった。

めでたし、聖寵満ち満てるマリア。あのファティマの子供たちの時のように、あなたが僕の前に現れたりしませんように。僕に聖痕が現れませんように。あっ、それから、僕が「エクソシスト」の映画の中の女の子のようになりませんように。

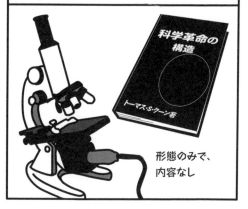

もう一つの考え方は、「唯物論への降伏」だった。僕はそれを、**ニヒリズムの魅力**と呼んだ。

[ニーチェを真似るアレックス]

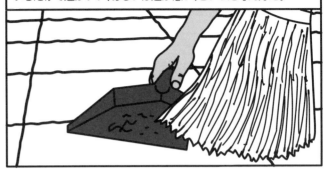
それは、「僕らは**星屑**でできている」という唯物論的な決まり文句として表現されることがよくある審美的な実存論の考え方だ。それが示唆しているのは、僕らは単なる物理的生き物であって、何らかのおかしな宇宙的偶然によって存在するようになり、僕らはここにいるだけで運がいい、あるいは運が悪い、といった考え方だ。

この考え方では、少なくとも死が無意味な状況からの逃げ道を提供してくれてはいたけど、僕自身が主に心の中で、「自分の心は非物質的な何かでできている」という体験をしていたから、唯物的な考え方は、まるで、「イエスが十字架にかけられるために、神によって地上に送られた」というのと同じくらい、馬鹿げていて間違った考え方だと思えたんだ。

だから、僕は落胆してはいたけど、探究を続けた。だって、頭脳の損傷というオプションは選びたくなかったからね。

でも、その時点で、僕は神経衰弱になりかけたんだ。この世界の知識と言われるものは、まったく何の手がかりにもならず、不完全なものに見えた。僕は、この世界の何も、真に知ることはできないのだという結論を出し始めていた。だから、この時点で僕は、それまで学んだことを白紙に戻すプロセスを始める準備ができた、というわけだ。

註：この幻想の宇宙における教育と呼ばれるものは、単に、どの幻想が善や真実で、どの幻想が悪や虚偽であるかを判断する方法を学ぶだけのものなのだ。

幸いなことに、僕はついに、『奇跡講座』について包括的に紹介している本に巡り会った。ゲイリー・レナードによる『宇宙の消滅』という本だ。（訳注：168ページ中段の訳注参照）

『宇宙の消滅』は、『奇跡講座』にまつわる17回にわたる対話を記録した本（2003年刊）で、その対話は、ゲイリー・レナードと、アーテンとパーサという二人のアセンデッドマスターたちとの間で交わされたものだった。

主としてこうした前提のせいで、最初は、僕はこの本に懐疑的だった。どうせこの本も、典型的なナンセンスの寄せ集めで、いくつか面白い考えが含まれているだけで、一貫性や明確な目的はない本だろうと思った。

ところが、半分くらいまで読んだ時点で、『奇跡講座』こそが、まさに僕が探し続けてきたものだとわかったのだ。

読み始めてから24時間以内に、僕はその本の通読を終えて、もう一度最初に戻って、読み返し始めた。

実際、それは僕の抱いていた疑問のすべてに答えてくれるものだった。そして、僕にとって完全に意味をなすものだった。僕はついに、長い間思い出したいと思っていた何かについて、思い出させてもらえたような気がした。

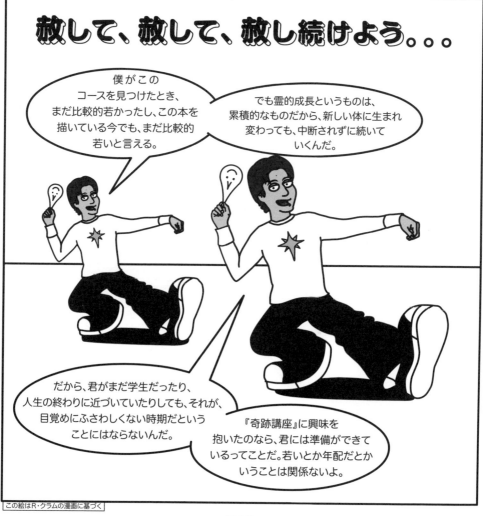

『奇跡講座』の素晴らしい側面の一つは、それが個人で学べる独習コースだってことだ。自分の心を変えること以外には、何も変えることを必要としないんだ。この世界の中での行動には、まったく関与しない。

『奇跡講座』の学びは、常に心のレベルでなされる。なぜなら、心がすべての原因だからだ。物理的な夢の世界は、その結果だ。君の行うことは、君の考えることの結果だ。そして君の考えることが、この夢の世界での君の経験を決定するのだ。

だから、君が暗殺者であろうと慈善家であろうと、このコースは気にかけない。君が今いると思っている場所で、このコースは君と出会ってくれるんだ。

『奇跡講座』は、形態には何の価値判断も下さない。そのかわりに、その形が象徴的に「何のためのものなのか」と問うだけだ。それによって、形態ではなく内容に重点が置かれることになり、それが、赦しを促進する。

本書は、「奇跡講座のための財団（FA○○）」ケネス・ワプニック博士の監修下に翻訳さ○○版元「内なる平安のための財団（FIP）」が正式に○○唯一のA Course in Miracles 邦訳版三部作の○編である。

このコースは、この夢の世界から出る道の中で、最短の道なんだよ。そうは言っても、それは一生かけて学んでいく道だ。ただ本を読んで、それで終わり‥というものじゃない。そうしたシナリオも、もちろん、不可能とは言えないけどね。

でも、もし君が自分の無意識の罪悪感のすべてを一度に見せられて、それを本当に赦すようにって言われたら、君は恐怖にかられて、この夢の世界に逃げ帰ってくるよ。僕の経験からも、それがわかるんだ。

本当の実相世界というのは、この夢の世界が天国の象徴として見えている状態だ。完全に癒された**罪悪感のない心**の目を通して知覚されるものだ。そこでは、知覚は純粋な赦しと完全なつながり合いの知覚となっている。

本当の実相世界を達成するというのは、一体性という故郷へ戻っていく僕ら一人ひとりの道が、終わるってことだ。

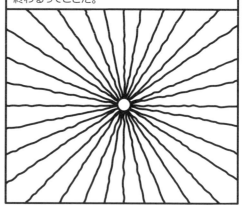

そのときには、僕らは、自らに課していた時空の限界から自由になり、**再臨**ということの真の意味を招き入れることになる。つまり、僕らの断片化された心が、ひとつの全一な心（つまり、キリスト）を自覚しつつ、つながり合うのだ。

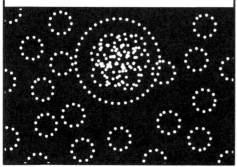

そしてそれが、**最後の審判**と**この世の終わり**ということの真の意味をも招き入れることになる。つまり、僕らはきっぱりと真理と幻想を選り分け、僕らの最初の審判を取り消すのだ。その最初の審判とは、愛の上に罪悪感という重いベールをかけることによって、僕らに地獄の夢を見る運命を課したものだった。

そしてついに、僕らの旅は、比喩的に言って、神による最後のステップで完了することになる。そして、その時点で、僕らは、実際には一度も離れたことのなかった天国へ帰るのだ。

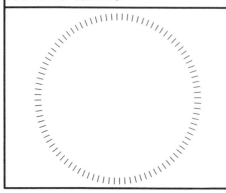

この夢の世界では、別個のように見える僕らの心の一つひとつは、それぞれに異なる色合いのようなものだ。

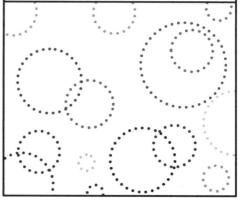

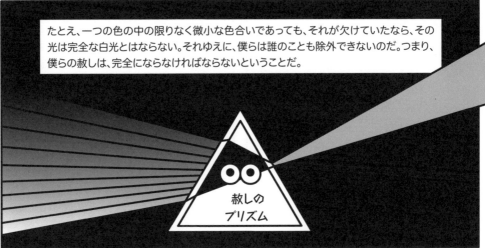

しかし、僕らの天国への帰還というのは、すべての色合いが一つに融合して、全一で無雑で完全な白光となり、神の完全無欠な光の中へと溶け込んでいくようなものだ。

たとえ、一つの色の中の限りなく微小な色合いであっても、それが欠けていたなら、その光は完全な白光とはならない。それゆえに、僕らは誰のことも除外できないのだ。つまり、僕らの赦しは、完全にならなければならないということだ。

僕らが心の中の最後の罪悪感の**シミ**を溶かし去ったなら、それが夢の終わりとなる。この夢は、それが存在したという形跡をひとつも残さず完全に消え去るのだ。なぜなら、もともとそれは実際に存在したことはなかったからだ。

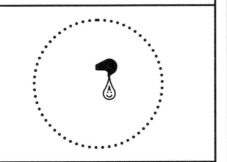

神のみが存在し、それ以外のものは存在しない。僕たちが幻想の中で迷子になっていたように見えていたときでも、常にそうあり続けてきたんだ。

一体性がこの夢の終わり。そして、これがこの本の終わりだ。

というわけで、そろそろ、この本も終わりに近づいた。

この本、気に入ってもらえたかな？

正気の観点からは、君がこれを気に入らない理由はないはずだ。それでも、狂気の観点からは、気に入らない理由はたくさんあるだろうな。

この本を気に入らなかった人は、**聖霊**に文句を言ってほしい。この本の責任は聖霊にある。僕じゃないからね。

ファイル 編集 表示 履歴 ブックマーク ツール ヘルプ
HTTP://WWW.SPAMAZON.CON/THE-UNIVERSE-IS-A-

SPAMAZON.COM　こんにちは、アレックスさん。過去のご購入品の中で、あなたが大学で受講された文学論の授業のために購入された記号学の本に基づく、おすすめ商品が72冊あります。

すべてのカテゴリー検索　検索
本
本　　　　　詳細検索　　ジャンル一覧　　新刊　　売れない本バーゲン

中身検索
この宇宙は夢なんだ
（ペーパーバック）
アレクサンダー・マルシャーン（著）
✹✹✹✹✹
価格：　超高価につき表示不可
在庫あり

カスタマーレビュー
最も役に立たないと投票されたカスタマーレビュー：
734人中2人のお客様がこれが役に立ったと考えています。
✹○○○○　アレックスを殺してやりたい！
投稿者：プロジェクター　　　この投稿者の他のネガティブなレビューを読むにはここをクリックする
（偽名）

この本を実際に購入したわけではないが、最初の3ページを読んだだけで、この本が嫌いだということがわかる。僕にとって大切な自我の信念をあまりに脅かしている。

最新のレビュー
8人中7人のお客様がこれが役に立ったと考えています：
✹✹✹✹✹　嬉しい驚きでした！
投稿者：宣伝マン　　　この投稿者の他の驚きのレビューを読むにはここをクリックする
（偽名）

「宇宙のプラモデル模型の作り方」を注文したのに、間違ってこの本が送られてきました。でも、幸いに、この本は素晴らしかったです！

12人中1人のお客様がこれが役に立ったと考えています：
✹○○○○　あまりに一元論的
投稿者：ゆるせない　　　この投稿者の他の不機嫌なレビューを読むにはここをクリックする
（偽名）

私はもう20年も奇跡のコースを学んでいますから、今まで通りの二元論的な解釈を貫きたいと思います。

もし君が自分の困惑を聖霊のところへ持っていくなら、それを**真の赦し**を実践する機会の一つとして使うように導かれるだろう。そして、真の赦しこそが、重要なことのすべてなのだ。

事実は、脚本はすでに書かれているってことだ。つまり、君がこの本を見つけて読んだということは、偶然ではない。君が自分の夢の中にこの本が出てくるようにした理由は、今が、君が目覚めへの道を歩み始める時だからだ。それを遅らせる理由はないよね。

だから、この本ではもうさよならを言わなきゃいけない時がきたけど、これは本当の終わりじゃないんだ。ただの「終わりの始まり」だよ。新しい「ものの見方」の始まりだ。

180

普遍的な**神学**は存在せず、存在するのは普遍的な**体験**のみである。(5)　それはもっともなことだ。なぜなら、例えば、犬の心は明らかに『奇跡講座』のようなものを読むことはできない。それでも、すべての犬の心もいつかは必ず目覚める運命にある。その理由は、すべての心がいつかは自我に背を向けて、聖霊に向かうように定められているからだ。

この本が気に入ったら、
みんなに知らせてね!

時間の図

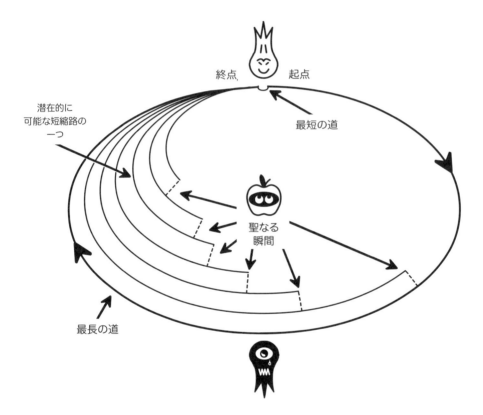

シンボルマークのリスト

神
円には始まりも終わりもない。その点において、円は神に似ている。したがって、本書では、円は「神」を表わしている。しかし、この円はただの円ではない。複数の細い線で描かれた放射状の円であり、延長、光、抽象性を示唆している。

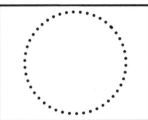

心
心は霊の創造的要素であり、霊は神から生じている。したがって、円は、「神」だけでなく、「心」も表わしている。ただし、心を表わす円は点線の円である。

聖霊／正しい心
ハッピーな炎の形は「聖霊」を表わしており、炎は光と霊を示唆している。

自我／間違った心
大きな鋭い目をもつ「一つ目小僧」のような存在として描かれているのは「自我」であり、この目は、意識を表わしている。自我のシンボルマークの形は、聖霊のシンボルマークを反転させたものである。

赦し
ハッピーな水滴は「赦し」を表わしており、水は浄罪と溶解を示唆している。

ニセの赦し
真の赦しのシンボルマークを反転させたものが、「ニセの赦し」である。この形は、槍を示唆しており、目玉は、意識に内在する二元性を示唆している。

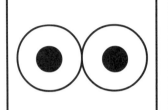

意識
二つの大きな丸い目は、「意識」を表わしており、これらの目の視線は、主体と客体、また観察者と被観察者との間の分裂を示唆している。

無意識
氷山は「無意識」を表わしており、水面の上で凝視している目には、水面下のかたまりは見えない。

罪／過去
リンゴの中に隠れている「左方向を見る目」は「罪」を表わしており、左は過去を示唆している。リンゴのシンボルは、罪悪感を表わすために、「創世記のアダムとイブ」の神話から借りてきたものである。罪悪感の過去形が罪である。

罪悪感／現在
リンゴの中に隠れている「正面を見る目」は「罪悪感」を表わしており、正面は現在形の罪悪感を示唆している。リンゴのシンボルは、罪悪感を表わすために、「創世記のアダムとイブ」の神話から借りてきたものである。

恐れ／未来
リンゴの中に隠れている「右方向を見る目」は「恐れ」を表わしている。右は未来を示唆している。リンゴのシンボルは、罪悪感を表わすために、「創世記のアダムとイブ」の神話から借りてきたものである。罪悪感の未来形が恐れである。

聖なる瞬間
リンゴの中に隠れている「上方の聖なるものを見る目」は
「聖なる瞬間」を表わしている。これは、時間の超越と、
無意識の罪悪感の溶解を示している。

特別な愛
ひとつにつながろうとしている相補的な二つの部分で構成される
ハート型は、「特別な愛」を表わしている。不完全さの感覚から
つながろうとする試みを示しており、特別な孤立状態という微小な
囲いを確保するために、全体を除外している。眼球は、意識に
おける主観と客観の分裂を表わしている。

特別な憎悪
互いに背を向けている相補的な二つの部分で構成される
ハート型は、「特別な憎悪」を表わしている。これは、
つながることへの拒絶を示している。眼球は、意識に
おける主観と客観の分裂を表わしている。

神聖な愛
分割されていないハートの形は「神聖な愛」を表わしており、
その目は上方の聖なるものに釘付けになっている。
これは、無意識が溶解し、それゆえ、自他の分離が
一体性へと溶解することを示唆している。

奇跡
上方の聖なるものに釘付けとなった目をもつ星の形は、「奇跡」
を表わしている。それは、光明、超越、そして、無意識の溶解を
示唆している。奇跡は、皆をひとつの全一な心と結びつける。

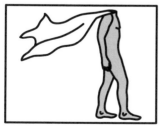

夢の主人公
夢の中の主人公とは肉体のことである。したがって、スーパー
ヒーローのマントをまとい、頭部を欠いた肉体として描かれて
いるのが、「夢の主人公」である。頭部がないことは、心と霊の
不在を示唆しており、物理的な存在であることを強調している。

二元性
陰陽のシンボルは、「二元性」を表わしている。

二元的な想念
二元性のシンボルマークを雲のような輪郭で囲んだ形は、「二元的な想念」を表している。

投影
二元的想念のフィルムを映写している映写機は、「投影」を表わしている。

『奇跡講座』引用箇所の索引

出版元の「内なる平安のための財団(Foundation for Inner Peace - P.O. Box 598, Mill Valley, CA 94942-0598, www.acim.org; info@acim.org)」からの許可を得て、邦訳『奇跡講座』(中央アート出版社・刊)からの訳文を使用

各巻の省略記号
T＝テキスト
W＝受講生のためのワークブック
M＝教師のためのマニュアル
P＝精神療法
S＝祈りの歌
C＝用語の解説

使用例
T-1.V.1:1は、「テキスト、第1章、セクションV、第一段落、第一文」を意味する。

『奇跡講座』からの直接の引用は、「　」に入れて表示し、「　」の後に引用番号を付けてあります。『奇跡講座』の中の概念を借りて、それを文脈に合うように著者が多少書き換えた場合には、間接引用として扱い、「　」には入れず、文末に、引用番号のみを表示してあります。

第 0 章
1 (T-1.VI.4:4-6)

第 $\frac{1}{9}$ 章
1 (W-p1.105.4:2-5)

第 $\frac{3}{9}$ 章
1 (T-30.III.6:1-2), 2 (T-30.III.6:7-9), 3 (T-27.VIII.6:2), 4 (T-2.1.1:9-12), 5 (T-21.In.1:5), 6 (T-18.VII.3:1-2) 7.(T-26.VIII.1.3-5)

第 $\frac{4}{9}$ 章
1 (T-23.II.2), 2 (T-23.II.20:3), 3 (T-5.V.5:1), 4 (T-16.II.3:1-2), 5 (T-20.VI.11:1-2), 6 (T-4.V.4), 7 (T-27.VIII.1,2,3), 8 (T-16.V.6:4), 9 (T-16.VI.4:1), 10 (T-15.VII.8), 11 (T-19.IV.B.14:11), 12 (T-13.II.5:6), 13 (T-13.II.6:4-5), 14 (T-21.IV.3:3), 15 (T-13.II.7:6), 16 (T-3.II.9:2)

第 $\frac{5}{9}$ 章
1 (T-19.IV), 2 (T-1.V.2:2), 3 (T-22.in. 3:1-5), 4 (P-2.IV.1:7), 5 (T-26.V.13:1), 6 (W-p1.26.7:4), 7 (W-p1.56.1:1), 8 (T-IN.2), 9 (T-11.V.9:1) 10 (W-p1.201.1), 11 (T-3.VII.6:11), 12 (T-6.I.4:4), 13 (T-6.I.13:2), 14 (W-p1.68.1,2), 15 (T-12.I.8:13), 16 (T-1.I.45.2),

第 $\frac{6}{9}$ 章
1 (T-13.in.2), 2 (T-13.in.3), 3 (T-26.VII.4:7), 4 (T-2.IV.2), 5 (T-5.V.5:3), 6 (P-2.VI.5), 7 (T-31.VIII.1:5), 8 (T-4.II.7), 9 (T-1.VII.3:6), 10 (T-20.II.1,2), 11 (T-19.IV.B.3:5)

第 $\frac{7}{9}$ 章
1 (S-1.IN.1:3), 2 (S-1.II.1:5), 3 (T-9.II.1:1), 4 (T-3.V.6:3), 5 (S-2.in.1:3), 6 (T-16.V.3:1) 7 (T-26.VI.1:1-2), 8 (S-1.I.4:1-2), 9 (T-30.I), 10 (T-30.I.14:3)

第 $\frac{8}{9}$ 章
1 (T-I8.VII.4:5), 2 (M-21.1:9-10), 3 (C-in.3:1), 4 (M-in.1:5), 5 (C-in.2:5), 6 (T-20.III.9:1-2)

僕が受け取ったファンレター ….

親愛なるアレックス様へ、
私の名前はサンディーです。あなたの大ファンです。私の友達も私も、あなたに夢中です。フィラデルフィアに来られたときには、ぜひ、私の家に泊まってください！ 楽しいと思います！ それはともかく、ちょっと質問があります。あなたのマンガの本の中で、あなたの額に黒い点があるのはなぜですか？ 私の推論はいろいろあるのですが、あなたに直接お聞きして、真相を突き止めたい思っています。
　　　　　敬具
　　　　　　　サンディー
　　　　　　　　　ペンシルベニア州フィラデルフィア

サンディー様
お手紙ありがとう。では10月から9ヶ月間、ずっとお宅に泊めてもらっていいですか？ …というのはもちろん冗談。黒い点は、僕の額にあるほくろです。僕の生まれつきの第三の目（霊的な目）だという人々もいます。実用面で言えば、このほくろのお陰で、僕の邪悪な双子の弟ズィーラと僕を見分けやすくなっています。ズィーラはいつも、前髪を垂らしているので、みんなが彼のことを僕だと思っています。騙されないように気をつけてください。
　　　　　君の友、
　　　　　　　アレックス

やあ、こんちわ！
僕、ジョンと言います。この2、3年ずっと、僕は、望む現実を思い通りに作り出すっていう流行にはまってます。でも、成果はあまりでていません。君の本では、思い通りの現実を作ることをガラクタ磨きと呼んでいるようですが、それについて、もう少し説明してくれませんか？
　　　　　感謝を込めて、
　　　　　　　ジョンより
　　　　　　　　　オーストラリア、メルボルン

やあ、ジョン。
君が経験した「成果がでない」っていうのは、よくあることだと思うよ。心の力というのはみんなが学ぶべき概念だけど、赦しを選ぶために心を使うことだけが、真の違いをもたらすんだ。脚本はもう書かれていて、どの瞬間でも、選択肢は、「長い脚本か、短い脚本か」でしかありえないからね。思い通りの現実を作るっていうのは、共鳴現象と関連してるよね。「類は友を呼ぶ」ってやつだ。もし君が磨かれたガラクタ のような状態だったら、磨かれたガラクタを引き寄せるし、もし神のようだったら、神を引き寄せる、ってことだ。ガラクタの最善の用途は捨てることだ。よりよい夢を見ようとしても、それはむなしいことなんだ。だって、夢の中での成功はすべて、一時的なものでしかないからね。そのかわりにやるべきことは、目覚めることだ。それは赦しを通して行うんだ。 第 $\frac{7}{9}$ 章を数回熟読してみるといいよ。
　　　　　率直なアレックスより

アレックス君へ、
君がもっとコミックを出してくれるといいと思っています。僕はもっと買いたくてしかたがありません。アレックスのコミックはどれも、少なくとも二冊ずつ買いたいと思っています。一冊は読むため、もう一冊はコレクションのためです。アレックスは馬が好きですか？ 僕は最近、馬を買って、イヴァンと名付けました。イヴァンも君のマンガが大好きです！
　　　　　君の大ファン、
　　　　　　　カイル
　　　　　　　　　コロラド州ブラックフォレスト市

君のやっていることは実に正しい！ 僕のコミックを買ってくれる人が増えれば、僕はもっと描きたいと思うことになるよ。イヴァンは、趣味がいい馬だね。
　　　　　感謝を込めて、
　　　　　　　アレックス

アレックス様へ
リオデジャネイロに来てください。僕は英語とポルトガル語が話せますから、あなたの通訳になれます。
僕はリオデジャネイロの巨大なキリスト像を壊して、そのかわりにあなたの聖霊のシンボルマークの像を建てたいと思っているのですが、どう思われますか？
　　　　　敬具
　　　　　　　ヤスミン
　　　　　　　　　ブラジル、リオデジャネイロ

飛行機の切符を買ってくれて、泊まる所を用意してくれて、食べさせてくれて、車でいろいろ案内してくれるなら、いつでも行きますよ。でも、僕がリオデジャネイロを訪問するなら、あのキリスト像はぜひ見ておきたいから、まだ壊さないでほしいなあ。あの像のキリストは十字架にかけられた姿じゃないところが気に入ってるんだ。この夢の中のあらゆる物と同じく、あのキリスト像もいつの日か崩れ去る時がくる。その時には、君の計画を全面的に支持するよ。
　　　　　芸術的なアレックスより

こんにちは、アレックスさん。
あなたはなぜ、あなたの本の中でジャケットを着たり脱いだりするのですか？
　　　　　ミスティー
　　　　　　　ワシントン州シアトル市

それはね〜、僕がこの本を描いているときに、気温が暑くなったり寒くなったりしたからさ。だから、絵を描いているときに着てたものに合わせて描いただけなのだ。
　　　　　着心地を重んじるアレックスより